Kung-Fu und Tai-Chi

Bruce Tegner

Kung-Fu
und Tai-Chi

Grundlagen
Bewegungsabläufe · Körperschule

Im FALKEN Verlag sind zahlreiche Titel zu allen Budo-Sportarten erschienen.
Eine kleine Auswahl finden Sie auf den Seiten 182 bis 184.
Oder fragen Sie Ihren Buchhändler.

Zum Thema Karate ist im FALKEN Verlag
außerdem eine Video-Kassette erschienen
(VHS, Spieldauer ca. 40 Minuten, in Farbe,
mit Begleitbroschüre, Nr. 6037).

ISBN 3 8068 0367 6

© der deutschsprachigen Ausgabe 1995 Falken-Verlag GmbH,
65527 Niedernhausen/Ts.
© der englischen Originalausgabe von Bantam Books 1968,
1973/85 by Bruce Tegner & Alice McGrath
Die Verwertung der Texte und Bilder, auch auszugsweise, ist ohne
Zustimmung des Verlags urheberrechtswidrig und strafbar. Dies gilt auch
für Vervielfältigungen, Übersetzungen, Mikroverfilmung und für die
Verarbeitung mit elektronischen Systemen.
Reihengestaltung: Zembsch' Werkstatt, München
Titelbild: Wolfgang Zöltsch, Pool Fotostudios, Griesheim
Fotos: V. E. Christensen, M. D., Herk Rossilli, H. und D. Phillips
Nachauflagenredaktion: Markus Hederer
Die Ratschläge in diesem Buch sind vom Autor und vom Verlag sorgfältig
erwogen und geprüft, dennoch kann eine Garantie nicht übernommen werden.
Eine Haftung des Autors bzw. des Verlags und seiner Beauftragten für
Personen-, Sach- und Vermögensschäden ist ausgeschlossen.
Gesamtherstellung: Neuwieder Verlagsgesellschaft mbH, Neuwied

04036775X252 423 222 120 191 8

Inhalt

Vorwort 9

Einführung
Was ist an Kung-Fu anders? 13
Die eiserne Hand 14
Die „giftige" Hand 15
Kampfszenen in Filmen 17
Die Pferdestellung 18
Das wahre Kung-Fu? 21
Wettkämpfe und Gürtel 22
    Gibt es Gürtel und Abzeichen im Kung-Fu? 22
    Gibt es Wettkämpfe? 22
    Schließt das Training Waffen ein? 23
Übungsmethoden 23
    Wie lange üben? 23
    Geistiges Training 23
    Richtungs-Bezugspunkte 23
Das Auswendiglernen der Übungsfolgen 24
    Lernen in kleinen Etappen 25
    Lernen in größeren Etappen 25

Kung-Fu
Stellungen in Vorführform 28
    Die Grundhaltung Pferdestellung 28
    Die Katzenstellung 28
Bewegungsformen 30
    Gehendes Pferd 30
    Seitschritt 32
    Überkreuzschritt 33
    Kreisschritt 35

Schläge mit der Hand	37
Der Messerschlag	37
Der Hammerschlag	38
Der Widderkopfstoß	38
Der doppelte Widderkopfstoß	38
Der Skorpionschlag	38
Der Brandungsschlag	39
Der Rammbockschlag	39
Der Felsenschmetterschlag	40
Die Tigerklaue	40
Fußtritte	40
Der Blitztritt	40
Der Drachenstampftritt	40
Die Anwendung der Handtechniken	42
Abwehren und Paraden	44
Peitschender Zweig	44
Springender Hirsch	44
Felsenschmetterblock	47
Findlingsblock	47
Sturzflug-Abwehr	47
Ausweichen und Abducken	51
Ausweichen/Abwehren	51
Tiefes Ausweichen und Gegenangriff	52
Tiefes Abducken und Abwehren	52
Tiefes Bücken und Schlagen	52
Grüßen	54
Eine Übungsfolge in gerader Linie	56
Eine Übungsfolge in Zickzacklinie	60
Kung-Linien-Übungsfolge	64
Reislinien-Übungsfolge	72
Die Zweimann-Formen	80
Die Tigerform	96
Die Adlerform	114

Tai-Chi 133
Tai-Chi bewußt üben 135
Die Bewegungen im Tai-Chi 136
Großer Kreis 137
    Den Südwind berühren 138
    Den Ostwind berühren 139
    Die Gezeiten 140
    Der Kranich 142
    Auffliegender Vogel 144
    Blick nach Norden 144
    Pfad nach links 145
    Der Stab 147
    Pfad nach rechts 147
    Starke rechte Faust 149
    Blick in den Wind 149
    Das Sonnenrad 150
    Den Südwind teilen 150
    Das Rad greifen 152
    Vogel mit angelegten Flügeln 152
    Zurückweichende Wellen 153
    Das Rad drehen 154
    Blumen pflücken 155
    Den Norden preisen 156
    Schneidender Wind 156
    Blick in den Wind, Süden 156
    Flügelschlag 158
    Den Nordwind teilen 158
    Tanzender Bär 160
    Kampf dem Drachen 160
    Kampf dem Leoparden 162
    Kampf dem Panther 162
    Die Ruder greifen 164
    Den Schild rechts halten 165
    Den Schild links halten 167

Flachsspinnende Hexe 170
Herabgleitende Schlange 174
Der Storch 174
Drachen-Flamme 176
Demütige Bitte 176
Gekreuzte Zweige 178
Griff nach dem Ast 180
Schluß 181

Vorwort

Bruce Tegner nimmt auf dem Gebiet der fernöstlichen Kampfsportarten eine einmalige Stellung ein: Er ist gleichzeitig ihr Verfechter und Gegner, ihr Erneuerer und Bewahrer. Seine internationale Anerkennung als Lehrer für Karate, Judo, Jiu-Jitsu und andere Kampfsportarten findet ihren Niederschlag in so verschiedenen Fachzeitschriften wie der ‚Japan Times' und des ‚Scholastic Coach'.
Bis vor kurzem zeigten moderne Sportlehrer und Leibeserzieher eine gewisse Abneigung dagegen, die fernöstlichen Kampfsportarten und ihre Übungen in Fitness-, Trainings- und Ausgleichssportprogramme einzubeziehen. Andererseits wehrten sich die Bewahrer der alten Tradition fernöstlicher Kampfsportarten gegen die Trennung von Kultur und Sport, also dagegen, daß der gesundheitliche und sportliche Wert dieser Übungen ohne den traditionellen kulthaften Überbau in die moderne Körpererziehung übernommen wurde. Es ist nicht zuletzt Bruce Tegners Anstrengungen zu verdanken, daß diese zwei Gegensätze zunehmend ausgeglichen werden.
Er geht dabei von der Voraussetzung aus, daß die körperliche Betätigung bei Kung-Fu, Judo, Aikido usw. unabhängig von religiösen Vorstellungen und dem traditionellen gesellschaftlichen Hintergrund sein kann. Diese religiöse und gesellschaftliche Basis der waffenlosen Verteidigung, durch Mythen verschleiert, verhinderte lange die Erkenntnis, daß es sich um eine Körperschule handelte. Ein moderner Sportlehrer hat mit Recht moralische und ethische Bedenken gegen die These, daß man durch Kung-Fu-Training in der Lage sei, einen Gegner mit nur einem Fingerstich zu einer bestimmten Stunde des Tages zu töten.
Selbst wenn es möglich wäre, diese „tödliche" Kunst des Fingerstechens zu lernen, könnte man von Leibeserziehern und Sportlehrern wohl kaum Unterstützung erwarten, genauso wenig wie sie ein Fechttraining billigen würden, bei dem die Klingen geschärft sind.

Hier ist ein Vergleich zwischen Judo und Kung-Fu nützlich. Obwohl Judo verhältnismäßig modern ist (es entstand am Ende des letzten Jahrhunderts in Japan, etwa zur selben Zeit, wie Volleyball in den Vereinigten Staaten eingeführt wurde), konnte es doch bis vor einigen Jahren nicht den Mantel des Geheimnisvollen und Zeremoniellen abschütteln, der die hervorragende Körperertüchtigung verschleierte. Obwohl Judo als ein Sport galt, wurde es wie eine Religion behandelt. Obwohl Judo der körperlichen Entwicklung dienen sollte, war es mit zeremoniellen Übungen und überliefertem japanischem Kult überladen. Vom japanischen Judosportler erwartete man, daß er japanische kulturelle und soziale Bräuche bei seinen Judoübungen beachtete, nicht weil sie zum Sport als solchem gehörten, sondern zu seiner Gesellschaftsform. Es gibt keinen Grund, warum sich ein Judo übender Nicht-Japaner vor Beginn seiner Übungen zum Shinto-Schrein hin verneigen soll. Die Sitten und Gebräuche wurden mit dem Sport exportiert und mit ihm vermischt, zum Vergnügen der Kult-Anhänger und zum Schrecken der Leibeserzieher.

Die einseitige Überschätzung von Judo als einer Weltanschauung, als einer Facette rein japanischer Kultur oder als Selbstverteidigung hat sich gewandelt, und wir betrachten nun die körperliche Betätigung im Judo als einen wunderbaren Sport, der zur Erholung, körperlichen Fitness und als Freizeitbeschäftigung betrieben werden kann.

Ein ernsthafter Sportler kann es bis zu olympischen Ehren bringen. Das soll nicht heißen, daß Kung-Fu auf dem besten Weg sei, ein olympischer Sport zu werden, sondern lediglich, daß die Trennung von alten kulturellen Bindungen einer Sportart nicht schadet; sie kann sie im Gegenteil auf eine neue Basis stellen.

In dieser Darstellung von Kung-Fu und Tai-Chi werden alle überlieferten Bewegungen demonstriert, die für die Gesundheit und zum Vergnügen geübt werden können, ohne die Forderung, unsere vernünftigen Ansichten über die Welt oder uns selber aufzugeben.

Kung-Fu kann ebenso als moderne, praktische Selbstverteidigung gelten, wie auch als interessante und befriedigende Körperübung. Es wird auch nicht behauptet, daß Tai-Chi allen anderen Übungsformen überlegen sei. Es ist an sich eine so herrliche Übungsart, daß es keiner künstlich überhöhten Zielsetzung bedarf.

So wie Bogenschießen, Fechten, Rudern und Reiten zur körperlichen Ertüchtigung und Erholung geübt werden, ohne daß sie einer besonderen Rechtfertigung des Kampfes oder als Fortbewegung bedürfen, genau so können Kung-Fu und Tai-Chi von ihrer altertümlichen Herkunft losgelöst und mit Vergnügen betrieben werden.

Einführung

Dieses Kapitel ist an jene gerichtet, die außer diesem Buch keine Informationsquelle oder direkte Unterweisung haben. Tatsächlich wurde dieses Buch als Antwort auf viele Anfragen von Lesern und Kung-Fu-Schülern geschrieben. Hier nun die Fragen, die am meisten gestellt werden:

Was ist an Kung-Fu anders?

Kung-Fu, auch als gung-fu bekannt, ist der ältere, chinesische Stil des Karate, wahrscheinlich von einem noch älteren Stil des Hand- und Fußkampfes abgeleitet, der aus Indien kam. Die Hand- und Fußtechniken aller Stilrichtungen des Karate sind ähnlich. Wenn Sie Fotos irgend einer Karate-Stilrichtung betrachten, werden Sie die gleichen Typen von Handtechniken und die gleichen Typen von Fußschlägen sehen. Der grundsätzliche Unterschied zwischen Kung-Fu und anderen Katearten ist eine Bevorzugung von krallig-kratzenden, stechenden Handschlägen und eine bestimmte stilisierte Art, die Übungsformen durchzuführen.

Es ist jedoch nicht korrekt, von Kung-Fu als einem genau definierten Karatestil zu sprechen, weil es innerhalb des Kung-Fu zwei Hauptrichtungen und eine ganze Anzahl Nebenrichtungen gibt, je nach den bevorzugten Schlagarten, den Übungsformen und der allgemeinen Einstellung zum Stoff.

Die „harten" Kung-Fu-Systeme zeigen eine klare Bevorzugung von Kraft und Krafttechniken, eine Vorliebe für den Einsatz von Fußtechniken und eine Betonung der Handabhärtung.

Der „weiche" Kung-Fu-Stil betont mehr die Geschwindigkeit als die Kraft, bevorzugt Handtechniken vor Fußtechniken und lehrt mehr, die empfindlichen Körperstellen zu schlagen.

Die eiserne Hand

Die eiserne Hand ist eine besonders stark abgehärtete Hand, die im harten Kung-Fu bevorzugt wird, aber auch in anderen „harten" Karaterichtungen, wozu die hawaiischen, einige japanische und einige koreanische Richtungen gehören.

Das Abhärten der Hand ist ein absichtlicher Trainingsvorgang, um die Hände unempfindlich und verknorpelt zu machen, so daß auf harte Flächen ohne Schmerzempfinden geschlagen werden kann. Gelegentlich sieht man Demonstrationen von solch extremer Handabhärtung, wobei der Vorführende einen Nagel mit seiner bloßen Faust in Holz schlägt. Für diesen Trick wird mehr als Abhärtung benötigt; es bedarf endloser Übungsstunden, um die richtige Technik zu entwickeln.

Es besteht kein Grund, warum der moderne Kung-Fu-Schüler seine Hände abhärten sollte. Man kann all den Nutzen des Kung-Fu-Übens genießen, ohne die Hände abzuhärten und zu deformieren. Gewichtige medizinische und andere Argumente sprechen gegen das Handabhärten.

Für das Üben der Kung-Fu-Formen und Übungsfolgen, für Fitness, Erholung und körperliche Entwicklung ist das Abhärten der Hand weder notwendig noch sinnvoll.

Für jede Art der Selbstverteidigung in der Öffentlichkeit sind abgehärtete Hände eher von Schaden als von Vorteil. Die Hände zu tödlichen Waffen zu entwickeln wäre heute ein Zeichen für eine unrealistische, überholte Einstellung gegenüber den Mitmenschen.

Zur Zeit der Feudalherrscher, in der Kung-Fu sich entwickelte, nahm ein einzelner persönlich das Gesetz in die Hand, wenn ihm Unrecht zugefügt wurde oder er sich benachteiligt glaubte. Nach allen gültigen Maßstäben ist persönliche Vergeltung heuzutage unmoralisch und auch ungesetzlich. Selbstverteidigung wird in einer Gesellschaft, die sich als zivilisiert betrachtet, als Notwehr definiert, nicht als Rachefeldzug. Es ist mit Recht gegen das Gesetz, Vergeltung zu üben mit unverhältnismäßig größerem Ein-

satz der Mittel als notwendig ist, sich zu verteidigen. Es besteht kein Unterschied zwischen Verteidigung und Angriff, wenn die „Verteidigung" gewalttätige Formen annimmt. Ein Mensch, der seine Hände extrem abgehärtet hat, erscheint als Aggressor, auch wenn er den Kampf nicht begonnen hat. Die Beweislast einer Notwehrsituation liegt bei dem, der seine Hände abgehärtet hat.
Starkes Handabhärten kann die Geschicklichkeit der Hände beeinträchtigen und zwar unwiderruflich. Abgesehen vom Verlust des Fingerspitzengefühls, der Fähigkeit, die Hände für Feinarbeit zu benutzen, ist der Anblick von stark abgehärteten Händen häßlich. Der Jugendliche, der als Teenager mit seinen „eisernen Händen" prahlt, könnte dies für den Rest seines Lebens bereuen. Es ist sehr riskant, so das Image aufzubauen, man sei ein Kung-Fu-Killer mit eisernen Händen und einem Kämpfer-Herz.

Die „giftige" Hand

Während die eiserne Hand ein drastischer Beweis für die Fähigkeit ist, mit außergewöhnlicher Kraft zu schlagen, bedeutet die „giftige" Hand die Geschicklichkeit, empfindliche Körperstellen zu treffen. Oft werden diese beiden Fertigkeiten verwechselt und es wird gesagt, eine bestimmte Körperstelle sei empfindlich, während in Wirklichkeit die Kraft des Schlages der entscheidende Faktor ist. Ein Beispiel ist die Schläfe. Der Schlag gegen die Schläfe wird manchmal als „giftiger" Handschlag gelehrt; präzise ausgeführt soll er eine ernsthafte Verletzung verursachen. In Wirklichkeit ist der Bereich um das Auge durch Knochen gut geschützt. Die alten Meister wußten nicht, daß es die Kraft eines Schlages an den Kopf ist, die den Schaden verursacht, nicht die Genauigkeit. Jeder kraftvolle Schlag an den Kopf, ohne Rücksicht auf die Schlagart und auf die Richtung, aus der der Kopf getroffen wird, der einen Schock auf der entgegengesetzten Seite des Schädels auslöst, kann tödlich sein.

Die weichen Kung-Fu-Richtungen befassen sich besonders mit den wirklich verletzlichen Stellen des Körpers, die sie mit krallenden und stechenden Schlägen angreifen. Hier wird viel Wert auf Stoßen in die Augen und Treten in den Unterleib gelegt, zwei Angriffsformen, die auch bei Schlägereien angewendet werden, sich im allgemeinen aber mehr für einen heimtückischen Angriff als zur Notwehr eignen.

Es überrascht nicht, daß das Wissen von schlagempfindlichen Körperstellen Stoff für Mythen und Fantasiegeschichten lieferte, die Kung-Fu umgeben. Hier ist nicht der Platz, um die vielen übertriebenen Erzählungen zu widerlegen, die über die verblüffenden, geheimen Kenntnisse der alten Kung-Fu-Meister zirkulieren. Es ist zwar anscheinend unmöglich, irgendeinen lebenden Kung-Fu-Meister zu finden, der die unglaublichen fantastischen „giftigen" Hand-Tricks wiederholen könnte, von denen die Sage geht, aber die Geschichten sterben nicht aus.

Soweit man beobachten kann, sind die „geheimen" Tricks nicht das Ergebnis einer Geheimwissenschaft, sondern von Jahren fleißigen Übens und Trainierens.

Die sagenhaften Berichte von dem Kung-Fu-Meister, der lediglich auf geheimnisvolle Stellen des Körpers drückte, beziehen sich möglicherweise auf das Zusammendrücken des Kehlkopfs — kein Geheimnis für die Hunderttausende von Männern, die Nahkampftraining erhielten. Jeder Druck auf eine andere Körperstelle müßte schon sehr stark sein, um Wirkung zu erzielen.

Die Geschichten von Kung-Fu-Meistern, deren „giftige" Hände geheime Teile des Körpers schlagen und dadurch verzögerte Verletzungen hervorrufen können, haben kaum einen anderen als Unterhaltungswert. Es wird sogar von lange verblichenen Kung-Fu-Meistern berichtet, deren „giftige" Hände zu bestimmten geheimen Stunden des Tages noch gefährlicher gewesen sein sollen. Weder das noch das Gegenteil lassen sich beweisen.

Interessante Spielfilme oder Romane untersucht man auch nicht auf den Wahrheitsgehalt; sie sollen unterhalten, ebenso wie diese fantastischen Kung-Fu-Geschichten.

Kampfszenen in Filmen

Viele Leute fragen nach Kampfszenen, die sie im Fernsehen oder in einem Film gesehen haben: „Was war das für ein wunderbarer Kampfstil? Er muß wirklich gut sein, denn der Held schlug damit alle viel stärkeren Angreifer in die Flucht."
Es wird dem Zuschauer absichtlich schwer gemacht, die Tatsache zu akzeptieren, daß Kampfszenen im Fernsehen und in Filmen nicht echt sind. Jeder weiß, daß es sich um keine wirklichen Ärzte handelt, die in den Fernseh-Arztserien operieren, daß Polizisten und Verbrecher von Schauspielern gespielt werden und nicht von wirklichen Polizisten oder Dieben — aber Kampfszenen werden realistisch genug dargeboten, um die Zuschauer zu verwirren. Dabei sind Kampfszenen in Filmen nicht wirklicher als Liebesszenen.
Filme und Fernsehgeschichten folgen einem Drehbuch. Alle Szenen werden so oft wiederholt bis sie klappen und weichen dabei nicht vom Drehbuch ab. Die Filme werden ohne Rücksicht auf die wahren Fähigkeiten der Schauspieler als Kämpfer oder Liebhaber gestaltet. Die Schauspieler werden nach ihren schauspielerischen Fähigkeiten ausgewählt; das Drehbuch — nicht der Schauspieler — entscheidet, wer das Mädchen oder den Kampf gewinnt oder verliert.
Deshalb sollte man sich nicht von dem, was auf der Leinwand geschieht, verwirren lassen und es für wahr, praktisch machbar und realistisch halten. Ist der Schauspieler, der in einer Kampfszene spielt, bekannt für seine tatsächlichen Fähigkeiten als Kämpfer, dann ist es schwieriger, sein wirkliches Selbst von seinem Leinwand-Image zu trennen. Doch genau das ist bei der Beurteilung seiner Rolle nötig.
Der Bösewicht verliert den Kampf nicht, weil eine überlegene Kampfform gegen ihn angewandt wird, sondern weil das im Drehbuch so steht. Wenn man in Hollywood lebt und dort eine Karate-Schule hat, wird man oft aufgefordert, bei den Filmen mitzuwirken. Dabei begegnet man vielen Stuntmen. Stuntmen (Sen-

sationsdarsteller) haben besonders entwickelte Körperkräfte und Fähigkeiten und gewöhnlich weit mehr Kampfpraxis als die Schauspieler, die die Heldenrollen spielen. Diese Stuntmen werden als Schurken eingesetzt, die die Kämpfe verlieren, da sie diesen Rollen sehr gut gewachsen sind.

Sehr oft habe ich in einem Film eine dreifache Aufgabe wahrgenommen, zuständig für die Komposition der Kampfszenen, als Trainer und als Schurke. Beim Entwurf der Kampfszene arbeitete ich jede Bewegung des Kampfes so spannend und aktionsgeladen wie möglich aus, ohne Rücksicht auf die echte Kampfpraxis. Als Trainer lehrte ich dem Filmhelden die Kniffe, die er in der Kampfszene anwenden sollte. Als Schurke spielte ich die Rolle des Mannes, der im Kampf gegen den Helden „unterlag", den ich trainiert hatte, zu „gewinnen". Im Kino kann alles glaubhaft dargestellt werden.

Kampfszenen im Fernsehen und im Film dienen der Unterhaltung, nicht dem Unterricht.

Die Pferdestellung

Immer wieder tauchen Fragen über die sogenannte Pferdestellung des Kung-Fu auf. Es ist für Kung-Fu charakteristisch, daß man das Üben der Techniken in dieser Pferdestellung oder einer Variation dieser Grundstellung beginnt, und das führt zu der Annahme, daß dieser Stand selbst von besonderem Wert sei. Das ist nicht der Fall.

Beim Kämpfen nimmt man besser eine starke, gut ausbalancierte Stellung ein, die leichte und schnelle Körperbewegungen ermöglicht.

Die meisten Kampfsportarten haben bestimmte Grundstellungen im Training und im Wettkampf. Die Ausgangsstellung im Boxen ist ein gutes Beispiel einer Stellung, die standhaft und beweglich zugleich ist. Für die Selbstverteidigung ist eine Grundstellung nicht brauchbar. Ein schneller Angriff läßt einem nicht mehr ge-

a. b.

nügend Zeit, eine geplante Stellung einzunehmen. Gegen einen Angriff von hinten ist es offensichtlich unmöglich, in Kampfposition zu gehen.
- Die grundlegende Pferdestellung, die auf Abb. a gezeigt wird, ist eine starke, wohlausgewogene Stellung; von der Seite betrachtet ist sie auch eine gute gedeckte Stellung. Sie hat den Nachteil, freie und leichte Bewegungen zu begrenzen.
- Die Katzenstellung liegt am anderen Ende der Skala — es ist eine leichte, anmutige Stellung, die jede Bewegung erlaubt (Abb. b).

Dies sind zwei Stellungen, die für die Kung-Fu-Übungsformen charakteristisch sind. Versuche, diese Stellungen nach Begriffen der Selbstverteidigung zu beurteilen, führen zu nichts.

Es gibt viele Variationen der grundlegenden Pferdestellung; manche sind nur leichte, stilistische Nuancen, z. B. die Haltung der Füße. Einige sind extreme Abwandlungen der Grundstellung, z. B. die Taubenzehenstellung, die auch Pferdestellung genannt wird.

Die Pferdestellung wird auch in manchen Kung-Fu-Systemen als „Disziplin"-Übung benutzt. Die Stellung wird viele Minuten lang gehalten, was schon schwierig ist, oder stundenlang, was äußerst schwierig ist. Einen unbeweglichen Stand beizubehalten hat keinen Wert, eher das Gegenteil. Die Haltung in einer unbeweglichen Stellung für lange Zeiträume steht in keiner Beziehung zur Entwicklung der Technik, der Taktik oder körperlichen Fitness. Eine unbewegliche Stellung stundenlang zu halten, um sich selber als „Meister" zu „beweisen", ist eine veraltete, geistlose Übung in Unterwürfigkeit. Das ist nicht Disziplin, das ist Drill. Es besteht keine Notwendigkeit, das Gehorsamstraining von Untertanen aus der Feudalzeit zu übernehmen, um sich die Vorteile des Kung-Fu zunutze zu machen.

Das wahre Kung-Fu?

Wie kann man erkennen, ob ein Lehrer einen authentischen Kung-Fu-Stil unterrichtet? Was ist der beste Karate-Stil, Kung-Fu oder irgend ein anderes System?

Meiner Ansicht nach ist kein spezieller Kampfstil, sei er orientalisch oder europäisch, für praktische Selbstverteidigung in seiner althergebrachten Form für den Durchschnittsmenschen geeignet. Ich bin der Meinung, daß jede Kampfart in der Selbstverteidigung angewandt werden kann, wenn der Ausübende die Geschicklichkeit eines Experten in der jeweiligen Methode erreicht. Boxen ist für den Durchschnittsmenschen mit mangelnder Übung offensichtlich wenig geeignet, wird aber zu einer „tödlichen" Kunst, wenn die Faktoren Körperbau, Training und Übung dazukommen. Es wird wohl niemand behaupten, daß ein Durchschnittsmensch den Stand der Geschicklichkeit eines Sugar Ray Robinson nur dadurch erreicht, daß er einige „Tricks" des Boxens lernt. Wenn ein Schüler nach 6monatigem Kung-Fu-Training glaubt, daß er nun in der Lage sei, sich gegen einen erfahrenen Boxer zu verteidigen, dann macht er sich etwas vor.

Ob man Kung-Fu als System zur praktischen Selbstverteidigung oder als vielseitig auf den Körper einwirkende Übungsform betreibt, ist eine Frage der persönlichen Zielsetzung. Sicher ist ein gut durchtrainierter Mensch — gleich nach welchem System — gegenüber einem nicht trainierten im Vorteil. Es hat also auch wenig Sinn, Vorzüge und Nachteile der einzelnen Systeme miteinander zu vergleichen. Jede Karate-, Kung-Fu- oder andere ähnliche Schule schwört auf ihr System. Selbst innerhalb des Kung-Fu gehen die Meinungen auseinander. Es mag auch an der inzwischen erworbenen Fertigkeit liegen, daß jeder sein System für das beste hält, oder vielleicht sogar an der Zufälligkeit, mit welchem System er zuerst Berührung hatte. So mag denn auch der Schüler seinen persönlichen Neigungen folgen. Für ihn ist die beste Schule diejenige, die in seiner Reichweite liegt und seine Anforderungen erfüllt.

Wenn aber Kung-Fu älter ist als die anderen orientalischen Karate-Systeme, bedeutet das nicht, daß es mehr authentisch ist? Nichts ist nur deshalb besser, weil es neueren oder älteren Ursprungs ist. Vorgänge und Übungen müssen nach ihrem Wert beurteilt werden, nicht nach ihrem Alter. Es war einst üblich, Operationen ohne Betäubung durchzuführen. Würde man heute die alte Methode wählen, nur weil sie alt ist, oder würde man nicht die neue schmerzlose vorziehen? Genau so, wie sich die medizinischen Erkenntnisse weiterentwickelt haben, so haben es auch Erkenntnisse auf anderen Gebieten. Noch immer Gültiges wurde übernommen, Neues dazugefügt, nicht mehr Passendes ausgesondert. So bieten sich heute die fernöstlichen Kampfsportarten alle dar.

Wettkämpfe und Gürtel

Gibt es Gürtel und Abzeichen im Kung-Fu?
Bis vor kurzem war es in den meisten Kung-Fu-Systemen üblich, die Leistung oder den Fortschritt nicht durch die Verleihung farbiger Gürtel einzuteilen, so daß bei keinem die Leistungsstufe erkenntlich war. Es scheint, daß der Trend nun zu einer verstärkten Anerkennung des Leistungsvermögens durch farbige Gürtel, Abzeichen, Urkunden u. a. Rangabzeichen geht.

Gibt es Wettkämpfe?
Die meisten Kung-Fu-Systeme haben keinen Wettkampf und ihre Anhänger nehmen auch nicht an sportlichen Veranstaltungen teil. Einzelne Kung-Fu-Sportler haben an Karate-Wettkämpfen teilgenommen. Sie kämpfen dort mit verschiedenem Erfolg entsprechend ihrer individuellen Geschicklichkeit. Der Wettkampf im Karate hat immer gezeigt, daß es nicht der Stil ist, der gewinnt, sondern die Geschicklichkeit des einzelnen.

Schließt das Training Waffen ein?
Manche Kung-Fu-Systeme lehren Übungsfolgen mit Waffen. Das sind Übungsfolgen, in denen Waffen simuliert werden. Es ist höchst unwahrscheinlich, daß Waffen zum ursprünglichen Kung-Fu gehörten. Schwerter, Speere, Messer, Äxte, Knüppel usw. wurden vermutlich als spätere Entwicklung eingebaut.

Übungsmethoden

Wie lange üben?
Die Übungszeit wird von Person zu Person sehr unterschiedlich sein. Die Faktoren, die das genaue Zeitmaß für den einzelnen bestimmen, sind verfügbare Zeit, körperliche Kondition und der Grad des Interesses. Der eine wird angenehme und vorteilhafte 10 Minuten täglich für das Üben von Kung-Fu oder Tai-Chi aufbringen, während der andere vielleicht eine Stunde oder mehr opfert.

Geistiges Training
Wissenschaftliche Untersuchungen und Experimente haben eine interessante Beziehung aufgedeckt zwischen körperlicher Übung und geistiger Wiederholung der körperlichen Geschicklichkeit, die durch körperliche Ausführung gelernt wurde. Nachdem man die Bewegungen des Kung-Fu und Tai-Chi gelernt hat, kann man die Beherrschung dieser Übungen durch Wiederholung in Gedanken steigern. Dadurch, daß man über sie nachdenkt, daß man sie sich vorstellt, daß man sie in der Reihenfolge in Gedanken wiederholt, läßt sich die Geschicklichkeit behalten und verbessern. Diese Art geistigen Exerzierens ist nicht ein mystischer oder geheimnisvoller Vorgang, es ist ein direkter Lernprozeß.

Richtungs-Bezugspunkte
Werden die Unterweisungen in den Richtungen des Kompasses gegeben, dann kann man ihnen leichter folgen, wenn man sich

nach den tatsächlichen Himmelsrichtungen wendet. Wenn die Anweisungen als „vorne, hinten, rechts und links" gegeben werden, müssen sie so gelesen werden:
Vorne bedeutet immer die Richtung, in die man bei Beginn einer Folge schaut.
Rechts und links sind feststehende Punkte und immer links oder rechts von der Vorne-Ausgangsposition.
Hinten ist ein feststehender Punkt hinter dem Vorne-Ausgangspunkt.
Vorwärts und Rückwärts sind keine festen Punkte; sie beziehen sich auf die Bewegung vorwärts oder rückwärts in Bezug auf die Richtung, in die man zu Beginn schaut.

Das Auswendiglernen der Übungsfolgen

Ein Hauptnutzen des Übens von Kung-Fu und Tai-Chi ist die geistige Anregung und Entspannung, die als eine Folge der Konzentration auf das Erlernen der Übungsfolgen auftritt. Die Doppelwirkung von Anspannung und Entspannung durch Konzentration gibt es nicht nur bei Kung-Fu oder Tai-Chi, aber Kung-Fu und Tai-Chi sind für diesen Zweck besonders geeignet. Wie bei vielen anderen Tätigkeiten, die große Aufmerksamkeit verlangen, steigern sich die eigenen Fähigkeiten im Verhältnis zu den Schwierigkeiten und zum Engagement. Je mehr man in Kung-Fu und Tai-Chi investiert, desto mehr wird man gewinnen.
Geistige Anregung resultiert aus dem Ausmaß geistiger Anstrengung, das nötig ist, die Bewegungen und Bewegungsfolgen zu begreifen und auswendig zu lernen. Entspannung resultiert daraus, daß man die Gedanken vom quälenden Alltagstrott und den kleinen Enttäuschungen des Lebens ablenkt und einer frischen und fesselnden Tätigkeit für Geist und Körper zuwendet. Es gibt nun zwei verschiedene Wege, den Stoff zu erlernen. Man wählt am besten den, der am meisten dem Temperament und der eigenen Situation entspricht.

Lernen in kleinen Etappen
Diese Methode ist ausgezeichnet für alle geeignet, deren Übungszeit während einer Sitzung begrenzt ist und die alleine üben müssen. Jemand, der alleine übt, muß sich häufiger dem Buch zuwenden, um die Bewegungen zu lernen. Für ihn ist die Methode, in kleinen Etappen zu lernen, die passende.
Die Methode der kleinen Etappen verlangt, kleine Teile jeder Übungsfolge zu begreifen, etwa von vier bis sechs Bewegungen, die dann immer wieder geübt werden. Wenn diese kleine Folge gelernt ist, geht man zu den nächsten Bewegungen weiter und übt diese intensiv.
Wenn man fünf oder sechs kleine Etappen gelernt hat, faßt man sie in eine längere Folge zusammen und beginnt mit den nächsten kleinen Stücken. Hat man nun die nächsten fünf oder sechs kleinen Stücke gelernt, faßt man sie wieder in eine kleine Folge zusammen und vereinigt diese zwei Folgen zu einer längeren.
Man fährt im Üben auf diese Weise fort, bis alle Bewegungen einer Übungsfolge beherrscht werden und in einer einzigen ununterbrochenen Folge ausgeführt werden können.

Lernen in größeren Etappen
Hat man einen Übungspartner, der die Bewegungen während des Einübens laut vorliest, oder wenn einem diese Methode mehr liegt, verfährt man so: Man übt hintereinander so viele Bewegungen einer Übungsfolge, wie man in einer einzigen Trainingsperiode bewältigen kann.
Bei der Methode der größeren Etappen scheint sich der Fortschritt langsamer einzustellen, als bei der Methode der kleineren Etappen. Für manche ist aber die Methode, in größeren Übungsfolgen zu lernen, geeigneter. Am besten probiert man beide und wählt die aus, die zu den günstigsten Ergebnissen führt. Fachleute der Lernpsychologie und Gedächtnisschulung glauben, daß die Methode der größeren Etappen einen befähigt, den gelernten Stoff länger zu behalten. Bedient man sich also dieser Methode, dann wird man zwar die einzelnen Bewegungsfolgen nicht so

schnell lernen, wie bei der Methode der kleinen Etappen. Aber wahrscheinlich wird man sie besser und länger behalten, wenn man sie einmal gelernt hat.

Wer keinen Übungspartner hat, wird vielleicht jemand finden, der die Bewegungen laut vorliest, so daß er üben kann, ohne dauernd im Buch nachzuschauen. Trotzdem sollte man vor Beginn die Fotos sorgfältig anschauen, so daß man eine klare Vorstellung von dem Ablauf jeder Bewegung bekommt.

Einzeln oder in Gruppen üben hat unterschiedliche Vorteile. Für diejenigen, die keine Wahl haben und allein üben müssen oder die vorziehen, allein zu üben, ist es von Vorteil, ganz in der Ausführung der Bewegungen aufgehen zu können, ohne Ablenkung durch andere. Ob man freiwillig oder gezwungen allein übt, jeder kann das Beste daraus machen.

Für diejenigen, die gern in Gruppen arbeiten und auch die Gelegenheit dazu haben, ist das Üben von Kung-Fu und Tai-Chi mit Partnern ein ausgezeichnetes Training. Wenn man jemanden hat, der mit einem zusammen die Bewegungen üben möchte, kann man sich gegenseitig helfen, sich laut vorlesen und die Zweimann-Formen miteinander üben.

Wer Zeit und Lust dazu hat, kann sogar eine Gruppe gründen, um gemeinsam als Ausgleichssport zu üben. Keiner braucht einschlägige Erfahrungen, um dies zu einer erfreulichen und lohnenden Betätigung zu machen. In einer Gruppe kommt jeder beim Vorlesen der Anweisungen an die Reihe. Ob man nun allein oder in der Gruppe übt, nach der Methode der kleinen oder der großen Etappen, immer ist es notwendig, sich an den Fotos zu orientieren. Gelingt es schließlich, die Übungsfolgen nur aus dem Gedächtnis auszuführen, dann wird das Buch nützlich sein, um nachzuschlagen und das Gedächtnis gelegentlich aufzufrischen.

Kung Fu

Die Nummern im Text des Übungsteils geben die dazugehörigen Abbildungen an.

Stellungen in Vorführform

1. DIE GRUNDHALTUNG PFERDESTELLUNG
Dies ist die Grundstellung, nach vorne gerichtet; sie wurde ursprünglich Pferderittstellung genannt, was die Grundbewegung gut beschreibt.
Stellen Sie sich vor, daß Sie auf einem Pferderücken sitzen: Die Knie sind gebeugt, die Füße zeigen geradeaus, der Rücken ist gerade, und die Fäuste werden an die Hüften gehalten.

2. Die Pferdestellung wird auch seitlich ausgeführt, wie in diesem Foto.

3. DIE KATZENSTELLUNG
Sie ist charakteristisch für die Kung-Fu-Übungsformen. Hier wird sie mit einer zum Schlag erhobenen Hand gezeigt. Das Gewicht ist beinahe ganz auf das hintere Bein verlagert und dieses zeigt zur Seite.
Der vordere Fuß trägt nur wenig Gewicht auf dem Fußballen. Im Gegensatz zur Pferdestellung, die ein starker, schwerer Stand ist, ist die Katzenstellung eine leichte Stellung, in der man für alle Bewegungen bereit ist.

1

2

3

Bewegungsformen

Es gibt stilisierte Arten der Bewegung im Kung-Fu, die in den Übungsfolgen gebraucht werden. Während z. B. die Schläge mit der Hand und manche andere dieser Bewegungsformen in der Praxis verwendbar sind, eignen sich andere nicht für eine Verteidigungssituation auf der Straße. Aber auch diese Übungen, die man in moderner Verteidigung nicht anwenden kann, müssen erlernt werden. Sie gehören zum Kung-Fu-Übungssystem und dienen dazu, den Körper allgemein auszubilden.

Die Anweisungen für die Bewegungsarten werden in den Himmelsrichtungen gegeben, und es ist leichter, ihnen zu folgen, wenn man sich nach den tatsächlichen Himmelsrichtungen richtet.

4. GEHENDES PFERD. Von der Pferdestellung ausgehen, nach vorne in Richtung Osten schauend.

5. Mit dem linken Fuß im Uhrzeigersinn rundherum (vorwärts) nach Süden gehen.

6. Mit dem rechten Fuß im Uhrzeigersinn herum(zurück)gehen und nach Westen schauen.

7. Mit dem linken Fuß im Uhrzeigersinn herum(vorwärts) gehen und nach Norden schauen. Im Uhrzeigersinn herum (zurück) mit dem rechten Fuß wieder zur Ausgangsposition wie in Foto 4 gehen.

Man kann den Pferdestand in der Bewegung auch üben, wenn man einen Fuß stehen läßt, auf diesem Fuß dreht und sich in die vier Himmelsrichtungen dadurch wendet, daß man mit dem anderen Fuß vier Schritte im Uhrzeigersinn oder im Gegenuhrzeigersinn macht. Das wird nun so geübt, daß man den Fuß wechselt, der den Drehpunkt bildet.

4 5

6 7

        8   9

8. SEITSCHRITT. Start aus der üblichen Pferdestellung.

9. Während der linke Fuß auf der Stelle bleibt, macht man mit dem rechten Fuß einen weiten Schritt zur Seite. Dann den linken Fuß nachziehen, so daß man in der Ausgangsstellung wie in Foto 8 ist. Das Gleichgewicht wird während der ganzen Verlagerung von Stellung zu Stellung beibehalten. Der Schritt wird nach der einen Seite und nach der anderen geübt.

10. Die folgende Bewegung ist eine Zweischrittbewegung. Von der Ausgangspferdestellung einen mittelgroßen Schritt nach rechts mit dem rechten Fuß gehen.

11. Den linken Fuß an den rechten Fuß heranziehen, nun ohne Unterbrechung einen weiteren Schritt mit dem rechten Fuß machen und so zu der ursprünglichen Pferdestellung zurückkehren.
Diese Bewegungsform erlaubt es, eine größere Distanz zu überwinden, ergibt aber eine sehr ungeschützte Stellung in dem Augenblick, in dem die Füße beisammen stehen.

10

11

12

12. ÜBERKREUZSCHRITT. Aus der Grund-Pferdestellung das Körpergewicht auf den linken Fuß verlagern.

13 14

13. Den rechten Fuß leicht über den linken Fuß kreuzen, dabei das Körpergewicht über dem Schwerpunkt halten, um die Gefahr zu verringern, das Gleichgewicht zu verlieren. Das Gewicht auf den rechten Fuß verlagern und dann mit dem linken Fuß zur Seite treten, so daß man wieder zum Pferdestand kommt.

14. Für die andere Form des Überkreuzschritts macht man den ersten Schritt hinter und nicht vor den Standfuß. Man geht aus der Ausgangsstellung mit dem rechten Fuß hinter den linken Fuß. Wenn man das Körpergewicht auf den rechten Fuß verlagert, macht man mit dem linken Fuß einen Schritt zur Seite in Ausgangsstellung.
Dieser betonte Überkreuzschritt ist charakteristisch für Kung-Fu. Die meisten anderen Karate-Systeme und verwandten Kampfstile warnen ausdrücklich vor dieser Bewegungsart, weil sie den Körper in eine sehr schwache, verletzliche Position bringt. Sie gehört aber zu den Kung-Fu-Formen und ihrem Übungsstil.

KREISSCHRITT. Dieses kreisförmige Vorwärtsgehen ist für Kung-Fu charakteristisch und wird auch in anderen Karatestilen geübt.

Während der Bewegung wird Kontakt mit dem Boden beibehalten. Der Schwerpunkt ist immer gut unter dem Körper. Während des Kreisschritts wird ein starkes Gleichgewichtsgefühl beibehalten, und die Ausführung ist anmutig.

Es gibt kein Zögern zwischen den Bewegungen. Sie fließen ineinander über.

 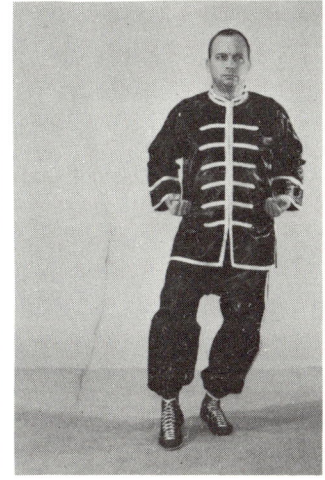

15   16

15. Aus der Pferdestellung beginnen.

16. Wenn man das Gewicht auf den linken Fuß verlagert, wird der rechte Fuß in einer kreisförmigen Bewegung zum linken Fuß gezogen.

17   18

17. Diese kreisförmige Bewegung wird fortgesetzt und der rechte Fuß nach vorne gesetzt, wie auf dem Foto.

18. Wenn der rechte Fuß am weitesten vorn steht, wird das Gewicht auf diesen Fuß verlagert, und das Ganze wird nun mit dem linken Fuß wiederholt.

Dieser Kreisschritt wird vorwärts und rückwärts geübt. Die gleitende, abgerundete Bewegung dieser Art Positionswechsel erinnert an Schlittschuhlaufen.

Schläge mit der Hand

Die meisten der Schläge im Kung-Fu unterscheiden sich nicht von den Handschlägen anderer Karatestile.

Die Kung-Fu-Stile variieren; einige bevorzugen die kraftvollen Stöße und Schläge, andere ziehen die kratzenden, stechenden Fingerstiche vor, die von der Geschwindigkeit abhängen.

Die kratzenden und stechenden Handtechniken sind in den Kung-Fu-Übungsformen üblich und werden nachstehend illustriert.

19

19. DER MESSERSCHLAG. Die gebräuchlichste Karate-Handtechnik, die die Kante der offenen Hand benützt. Diesen Schlag findet man in allen Karatestilen, aber auch im Jiu-Jitsu und verwandten Arten des waffenlosen Kämpfens. Er ist unter verschiedenen Namen bekannt: Schwerthand, Messerschlag, Judoschlag, Schlag der tausend Hände u. a.

20   21

Wenn die Hand wie in Foto 19 gehalten wird und man die Fingerspitzen für stechende, stoßende Bewegungen benützt, wird er Messerspitzenschlag genannt.

20. DER HAMMERSCHLAG ist ein anderer gebräuchlicher Karateschlag, den man in vielen verschiedenen Karatestilen findet. Die Bewegung ähnelt der Bewegung eines Hammers, wenn sie richtig ausgeführt wird. Der zurückprallende Effekt sollte deutlich sein.

21. DER WIDDERKOPFSTOSS, eine Krafttechnik. Der auftreffende Teil sind die zwei großen Knöchel. Der Stoß wird mit der Handfläche nach unten, wie gezeigt, oder nach innen oder oben ausgeführt.

22. DER DOPPELTE WIDDERKOPFSTOSS.

23. DER SKORPIONSCHLAG, ein Schlag mit der Rückseite der Faust mit einer kreisförmig fegenden Ausholbewegung. Es ist kein Kraftschlag, sondern seine Wirkung beruht auf Geschwindigkeit und Herauspeitschen.

24. DER BRANDUNGSSCHLAG wird mit einer zermalmenden Bewegung ausgeführt.

25. DER RAMMBOCKSCHLAG ist ein Ellbogenschlag, ausgeführt mit der Fläche direkt über oder unter dem Ellbogen.

26. DER FELSENSCHMETTERSCHLAG, ein Schlag mit dem Handballen.

27. DIE TIGERKLAUE ist charakteristisch für die Bevorzugung für kratzende Handaktionen im Kung-Fu. In dieser Ausführung werden alle Finger benützt. Andere Variationen benützen mehrere oder einen, zwei oder drei Finger für stechende Bewegungen.

Fußtritte

Die grundlegenden Fußtechniken des Kung-Fu sind denen anderer Karatestile sehr ähnlich, obwohl sie in den Übungsfolgen wegen der stilisierten Art der Vorführung verschieden aussehen. Die harten Kung-Fu-Stile legen mehr Wert auf das Üben der Fußtritte als die weichen.

In den folgenden Übungsformen sind die häufigsten Tritte der Blitztritt und der Drachenstampftritt. Sie werden hier gezeigt. Andere Tritte werden dann gelehrt, wenn sie zum ersten Mal in einer Folge auftauchen.

28. DER BLITZTRITT, ein schneller, schnappender Tritt, der die Sohle oder die Seite des Schuhs als Auftrefffläche benützt. Geschwindigkeit ist der wesentliche Faktor in der Ausführung dieser Technik.

29. DER DRACHENSTAMPFTRITT ist ein kraftvoller Tritt, der mit der Sohle des Schuhs ausgeführt wird. Die Bewegung dieses Tritts zeigt ganz deutlich mehr Kraft als Geschwindigkeit.

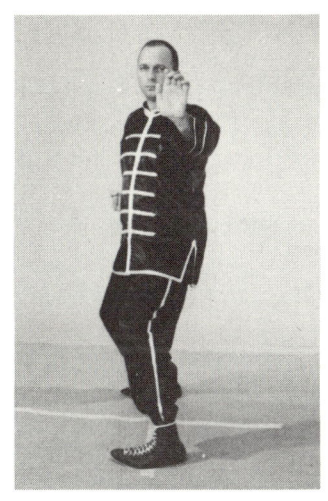
26

27

28

Die Anwendung der Handtechniken

Für Kung-Fu ist die weiterführende Bewegung bei Handtechniken charakteristisch. Es geht mehr um das Prinzip von Aktion und Reaktion als nur um Einzeltechniken.

Der Mann auf der linken Seite dient als Demonstrationsziel.
30—31. Von einer hoch erhobenen Position aus führt der rechte Mann einen Hammerschlag durch.

32. Seine schlagende Hand schwingt vollständig durch und bringt so die ganze Körperkraft hinter den Schlag, während sich die Muskeln schon für den Reaktionsschlag spannen.

33. Der Reaktionsschlag ist ein Brandungsschlag, der voll bis zur anderen Seite ausgeführt werden und so schon einen weiteren Schlag vorbereiten kann.

Dieser Grundsatz funktioniert, egal ob man mit einer oder mit beiden Händen Schläge austeilt. Es ist eine dauernde Bewegung von einem Schlag zum nächsten. Je mehr der Schüler diese Entwicklung durchschaut, umso mehr wird er in der Lage sein, die Bewegung von Schlag zu Schlag in geeigneter Weise weiterzuführen.

30

31

32

33

Abwehren und Paraden

34. PEITSCHENDER ZWEIG (Hochschlitzender Block).

Um einen Angriff von oben abzuwehren, verwendet der linke Mann den peitschenden Zweig, um den Schlag abzulenken. Die Bewegung des Blocks ist dieselbe, wie wenn man einen Zweig so weit wie möglich herunterzieht und plötzlich losläßt.

Die Blockrichtung ist nach oben und außen, und die Hand kann dabei offen oder zur Faust geballt sein. Auftreffpunkt ist der Unterarm. Der Block kann links oder rechts ausgeführt werden.

35. Eine Variation des peitschenden Zweigs ist die Abwehr mit dem Unterarm. Obwohl das Wippen auch hier sichtbar ist, ist der Block kraftvoller.

36. Er kann mit der Innen- oder Außenseite des Unterarms ausgeführt werden, quer vor dem Körper oder mit der Rückhand, wie im Bild.

37. SPRINGENDER HIRSCH (Aufsteigende Abwehr mit dem Unterarm).

Die Bewegung dieser Abwehr ist ein plötzliches Hochschnellen, so daß man einen Schlag von oben oder direkt von vorn abstoppen kann.

34

35

36

37

38

39

40

38. FELSENSCHMETTERBLOCK (Abwehr mit dem Handballen), wird gegen einen Schlag zum Körper angewandt und lenkt diesen vollständig ab. Beim Üben kann der Felsenschmetterblock mit Kontakt durchgeführt werden, da es kein Angriff, sondern eine Abwehr ist.

39. FINDLINGSBLOCK (Unterarmabwehr) wehrt einen beabsichtigten Schlag mit größerer Kraft ab, als der peitschende Zweig. In den Übungsformen wird der Findlingsblock geübt, um kraftvolle zermalmende Aktionen zu simulieren.

40. Der Findlingsblock kann auch mit der Rückhand geübt werden, so wie in diesem Foto.

STURZFLUG-ABWEHR. Im Gegensatz zum Unterarmblock, der eine harte Methode des Abwehrens darstellt, gibt es die Sturzflug-Abwehr, die für das weiche Kung-Fu charakteristisch ist und auch in Aikido-Übungsformen gebraucht wird.

Die harten Methoden sind dynamisch und gegnerbezogen. Sie werden mit Bewegungen geübt, die volle Kraft und Energie simulieren.

Die weichen Aktionen basieren auf dem Grundsatz des „Mitgehens" mit dem Schlag und nicht darauf, ihm mit größerer Kraft zu begegnen. „Mitgehen" schließt das Ausnützen der gegnerischen Kraft mit ein. In den herabstoßenden Aktionen werden die Schläge abgelenkt, nicht aufgehalten.

41

42

43

44

45 46

41. Wenn der rechte Mann stößt, beginnt der linke Mann mit seiner kreisförmigen herabstoßenden Aktion ...

42. ... und lenkt den Schlag ab. Die Hand kann offengehalten werden, klauenähnlich, wie auf den Bildern gezeigt, oder zur Faust geballt. Die Bewegung ist fließend und kreisförmig.

43—44. Eine ähnliche Aktion, diesmal nach außen, wird hier gezeigt, die den Schlag des rechten Mannes ablenkt. Wenn die ganze fließende Aktion sauber ausgeführt wird, kommt der eigene Unterarm auf seinen Unterarm, wenn sein Arm abwärtsbewegt wird.

45—46. Die zweihändige Sturzflug-Abwehr wird gegen Doppelschläge angewandt. Diese Technik hat nicht viel mit praktischer Selbstverteidigung zu tun. Als eine Koordinationsübung ist sie aber ausgezeichnet und sollte beherrscht werden, damit man die Kung-Fu-Übungen ausführen kann, in denen sie vorkommt.

47 48

Gegen den zweihändigen Angriff stoßen beide Arme nach außen, um in einer kreisförmigen Bewegung abzuwehren. Der Kontakt mit den Armen des Gegners kommt von oben zustande, so daß die eigene rechte Hand einen Kreis im Uhrzeigersinn beschreibt, während die linke Hand einen Kreis im Gegenuhrzeigersinn macht.

47. Das ist die gleiche Situation umgekehrt.

48. Der herabstoßende Kreis wird hier von der rechten Hand im Gegenuhrzeigersinn gemacht, während die linke Hand einen Kreis im Uhrzeigersinn beschreibt.

Ausweichen und Abducken

49. AUSWEICHEN/ABWEHREN. Die Methode, um den Angriff zu vermeiden, ist eine gleichzeitige Bewegung des Körpers, während der Arm zum Block erhoben wird. Da eine Abwehr angewandt wird, muß man den Körper nur leicht aus dem Bereich des Angriffs herausbewegen.

Es ist eine Erfahrungstatsache, daß ein Schüler mit verhältnismäßig wenig Training und nur mittelmäßiger Geschicklichkeit die Abwehrmethode in Foto 49 anwenden kann. Das bedeutet, daß er sich damit praktisch verteidigen kann, zusätzlich zu der Anwendung als formelle Technik in einer Übungsform.

49

Im Gegensatz dazu kann der Ausweichblock, der in den Fotos 50 und 51 gezeigt wird, nur ausgeführt werden, wenn der Schüler viel geübt und einen hohen Geschicklichkeitsgrad durch konstantes Üben erreicht hat. Diese Technik taucht in den Kung-Fu-Formen auf, aber nur wahre Meister können sie wirksam in der Selbstverteidigung anwenden. Als Übung ist sie jedoch ausgezeichnet.

50. TIEFES AUSWEICHEN UND GEGENANGRIFF. Bei diesem Verfahren erfolgen Ausweichen und Gegenangriff nicht gleichzeitig, sondern es sind zwei verschiedene Aktionen. Die erste ist ein sehr tiefes Ausweichen zur Seite.

51. Die zweite ist ein Schlag mit der Hand.

52. TIEFES ABDUCKEN UND ABWEHREN. Die Bewegungen des Abduckens und Blockierens erfolgen hier gleichzeitig. Wenn der Angriff kommt, duckt sich der linke Mann und blockt nach oben.

53. TIEFES BÜCKEN UND SCHLAGEN. Bei diesem Verfahren erfolgen wieder zwei verschiedene Aktionen. Die erste Aktion ist ein sehr tiefes Bücken, wenn der Angriff kommt.

50

51

52

53

54. Die zweite Aktion ist ein Konterschlag zum Körper.

Die Anmerkungen bezüglich der Techniken in den Fotos 50 und 51 gelten auch für diese Technik.

54

Grüßen

Diese zeremoniellen Bewegungen gehen jeder Einmann-Übung voran. Ihr Symbolgehalt hat für einen westlichen Schüler keine Bedeutung. Sie sind die stilisierte, klassische Einleitung für jede Übungsform. Verschiedene Kung-Fu-Schulen haben das Grüßen in einzelnen Bewegungen ritualisiert. Ganz allgemein drücken sie den Respekt vor dem Lehrer aus, zeigen verborgene Kraft, Demut, Sammlung und Wachsamkeit.
Diese Folge von Grußformen ist typisch für Kung-Fu. Die fünf Grußbewegungen werden langsam und ohne Pause zwischen den Bewegungen durchgeführt.
55. Die Bereitschaftsstellung oder die Achtungsstellung: Füße zusammen, Hände an den Seiten, Körper gerade, aber entspannt.
56. Die Stellung der verborgenen Kraft: Die rechte Faust wird an die linke Hüfte gebracht und von der linken Hand mit der Handfläche bedeckt.

57. Die Position der Demut: Mit dem rechten Fuß einen Schritt zurücktreten, dann auf das rechte Knie sinken, wobei die bedeckte Faust an die rechte Hüfte genommen wird.

58. Die Stellung der Sammlung: Aus der vorherigen Stellung aufstehen, auf dem linken Fuß drehen und nach rechts schauend stehen. Die bedeckte Faust wird mit der Handfläche nach außen erhoben.

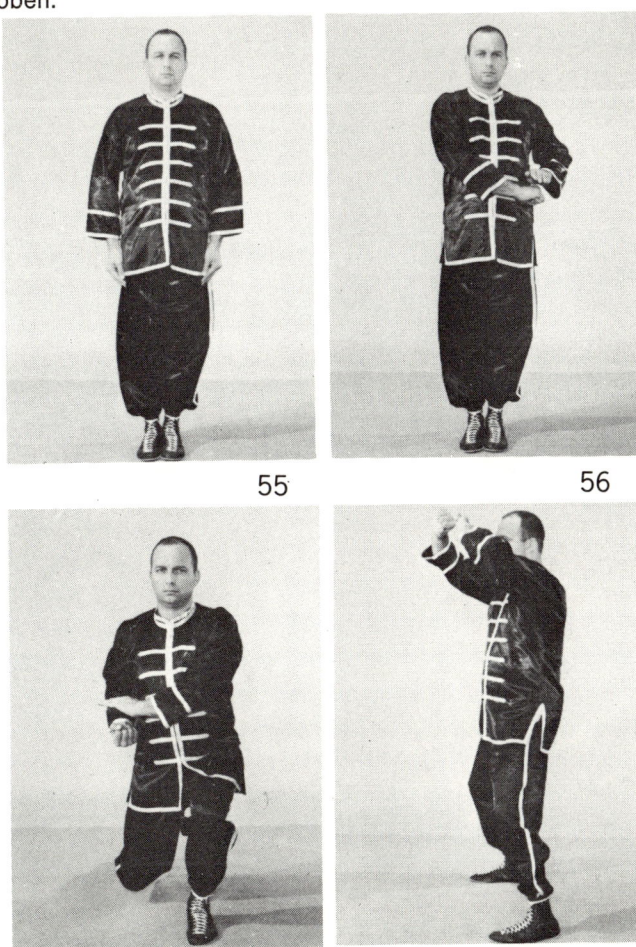

59. Die Stellung der Wachsamkeit: Einen Schritt im Uhrzeigersinn mit dem linken Fuß zur Pferdestellung machen und dabei nach vorn schauen. Die rechte Faust wird in Kinnhöhe gehalten.

60. Während man nun beide Fäuste, Handflächen nach oben, an die Hüften nimmt, befindet man sich in der Pferdestellung, die immer die geeignete Ausgangsstellung für weitere Übungen ist.

Eine Übungsfolge in gerader Linie

Als eine grundlegende Übungsfolge für Anfänger werden bei diesen sechs Bewegungen einige einfache Handtechniken angewandt. Der Übungszweck ist es, sich daran zu gewöhnen, mehrere Bewegungen in einer für das Kung-Fu charakteristischen Weise zu kombinieren.

Der Übergang von Aktion zu Aktion ist fließend; sie werden ohne Unterbrechung mit übertriebenen, stilisierten Gesten aneinandergereiht.

Man kann eine Linie ziehen, oder sie sich vorstellen; alle Aktionen werden vorwärts und rückwärts auf dieser Linie ausgeführt.
Aus der Achtungsstellung beginnen.

61. Langsam die Pferdestellung einnehmen, wobei die Arme kreisförmige, fließende Bewegungen machen, während sie an die Hüfte gehen und zur Faust geballt werden.

62. Auf dem Ballen beider Füße drehen und den Oberkörper nach links wenden, wobei man einen linken Findlingsblock nach unten ausführt. Die rechte Faust bleibt auf der Hüfte.

59　　　　　　　　60

61　　　　　　　　62

63. Den Körper im Gegenuhrzeigersinn drehen, während man auf der Linie die Pferdestellung einnimmt; der Körper schaut dabei nach hinten. Während des Drehens einen Tigerklauenstoß mit der rechten Hand ausführen, wobei die linke Faust zur linken Hüfte gezogen wird.

64. Den Körper im Uhrzeigersinn herumschwingen, dabei eine Pferdestellung auf der Linie einnehmen. Während der Drehung einen rechten, nach auswärts gerichteten Zweigschlag ausführen, wobei die linke Faust an die linke Hüfte genommen wird.

Die Bewegung des Adlerschnabelschlags wird durchgeführt, indem man die Finger zusammenpreßt und eine schnelle hackende Bewegung vorwärts macht.

65. Im Uhrzeigersinn mit dem Rücken nach hinten drehen, dabei ein Adlerschnabelschlag, wobei die rechte Faust an die rechte Hüfte genommen wird.

66. Mit einer Drehung im Gegenuhrzeigersinn zur Ausgangs-Pferdestellung, Gesicht nach vorne, zurückkehren. Wieder die Achtungsstellung einnehmen.

63

64

65

66

Eine Übungsfolge in Zickzacklinie

Auch hier wieder aus der Achtungsstellung beginnen.

67. Die Pferdestellung, Blick nach vorne, einnehmen.
68. Während der rechte Fuß und die rechte Faust an ihrem Platz bleiben, macht man einen kurzen Schritt mit dem linken Fuß, und dabei einen nach auswärts gerichteten peitschenden Zweigschlag mit dem linken Arm.
69. Auf dem linken Fuß im Gegenuhrzeigersinn drehen, so daß der Rücken nach vorne zeigt. Während der Drehung einen Messerschlag mit der rechten Hand ausführen, und die linke Faust zur Hüfte ziehen.
70. Auf dem linken Fuß im Uhrzeigersinn drehen, so daß der Körper nach links zeigt. Nach vorn schauen und einen nach auswärts gerichteten peitschenden Zweigblock mit dem rechten Arm durchführen. Die linke Faust wird an die Hüfte gezogen.
71. Auf dem rechten Fuß im Uhrzeigersinn den Körper herumschwingen, bis er nach rechts zeigt. Nach vorn schauen und einen linken Hammerschlag ausführen, wobei die rechte Faust zur Hüfte gezogen wird.

67 68

72. Auf dem rechten Fuß im Gegenuhrzeigersinn drehen, wobei man mit dem linken Fuß einen Schritt zurückgeht und die nach vorne gerichtete Pferdestellung einnimmt; dabei aber nach links blicken. Während des Drehens einen linken Findlingsblock abwärts und die rechte Faust dabei zur Hüfte ziehen.

73. Drehen auf dem linken Fuß, den Körper dabei im Gegenuhrzeigersinn herumschwingen und mit dem rechten Fuß einen Drachenstampftritt nach vorwärts ausführen. Während des Tretens wird der linke Unterarm, wie gezeigt, erhoben.

74. Den rechten Fuß absetzen, wobei der Körper nach links schaut. Nach vorn schauen und einen linken, abwärts gerichteten Findlingsblock mit dem rechten Unterarm ausführen. Die linke Faust ist an der Hüfte.

75. Drehen auf dem rechten Fuß im Uhrzeigersinn herum und mit dem linken Fuß einen Drachenstampftritt ausführen, wobei man gleichzeitig mit der rechten Faust einen Widderkopfstoß ausführt.

Zur Pferdestellung, Blick nach vorne, zurückkehren, dann wieder die Achtungsstellung einnehmen.

73

74

75

Kung-Linien-Übungsfolge

Beginn wieder aus der Achtungsstellung.

76. Die Pferdestellung einnehmen.

77. Während der rechte Fuß und die rechte Faust unverändert bleiben, macht man einen kurzen Schritt mit dem linken Fuß zur linken Seite und führt dabei einen Springender Hirsch-Block mit dem linken Arm aus.

78. Mit dem linken Fuß als Drehpunkt schwingt man den Körper im Gegenuhrzeigersinn herum, so daß der Rücken nach vorne zeigt. Beim Zurückziehen der linken Faust an die Hüfte mit der rechten Faust einen Widderkopfstoß ausführen.

79. Während der rechte Fuß auf der Stelle bleibt, macht man mit dem linken Fuß einen kurzen Schritt nach rechts und führt dabei einen abwärts gerichteten Findlingsblock mit dem linken Arm aus, wobei man die rechte Faust an die Hüfte nimmt.

80. Den Körper mit dem linken Fuß als Drehpunkt im Gegenuhrzeigersinn herumschwingen und dabei einen Drachenstampftritt mit dem rechten Fuß ausführen, wobei man beide Fäuste an die Hüften zieht.

76

77

81. Wenn der tretende Fuß abgesetzt ist, dreht man auf dem linken Fuß im Gegenuhrzeigersinn und schaut wieder nach vorn. Während die rechte Faust bleibt, führt der linke Arm einen Springender Hirsch-Block nach oben aus.

78   79

80   81

82. Mit dem rechten Fuß einen Schritt nach vorn machen und dabei auf beiden Fußballen drehen, so daß man, nach links schauend, einen Skorpion-Schlag mit der rechten Hand ausführen kann. Linke Faust auf der Hüfte.

83. Drehen auf dem rechten Fuß im Uhrzeigersinn und den Körper herumschwingen, so daß er nach rechts zeigt. Dabei nach vorn schauen und einen Findlingsblock links abwärts ausführen, wobei die rechte Faust an die Hüfte gezogen wird.

84. Drehen auf dem linken Fuß im Gegenuhrzeigersinn. Der Körper schwingt dabei im Halbkreis herum, wobei man einen Blitztritt mit dem rechten Fuß ausführt.

85. Während der tretende Fuß abgesetzt wird, führt man einen rechten Findlingsblock aus.

86. Mit dem rechten Fuß zur Seite gehen, den Körper im Uhrzeigersinn drehen, so daß er nach vorne zeigt. Dabei einen rechten Findlingsblock abwärts ausführen, wobei die linke Faust an der Hüfte bleibt.

87. Drehen im Uhrzeigersinn auf dem rechten Fuß und dabei einen Drachenstampftritt nach rechts mit dem linken Fuß ausführen.

82   83

84

85

86

87

88. Beim Absetzen des tretenden Fußes führt man einen rechten Findlingsblock abwärts aus, wobei man nach links schaut.

89. Mit dem rechten Fuß als Drehpunkt schwingt man den Körper herum, so daß die Füße nach vorn zeigen, der Körper aber nach links gedreht ist und auch der Blick nach links geht. Dabei einen doppelten Widderkopfstoß ausführen.

90. Den Körper mit dem rechten Fuß als Drehpunkt im Gegenuhrzeigersinn herumschwingen, so daß er nach hinten zeigt, und dabei einen Tigerklauenschlag nach hinten mit der linken Hand ausführen.

91. Während man mit dem rechten Fuß nach hinten geht, führt man einen Rammbockschlag mit dem rechten Ellbogen aus.

92. Mit dem linken Fuß im Uhrzeigersinn herumgehen, so daß der Körper nach links zeigt, dabei nach hinten schauen und einen Tigerklauenschlag mit der linken Hand ausführen.

88   89

93. Mit dem rechten Fuß im Gegenuhrzeigersinn herumgehen, so daß der Körper nach links zeigt. Dabei nach hinten schauen und einen Tigerklauenschlag mit der rechten Hand ausführen.

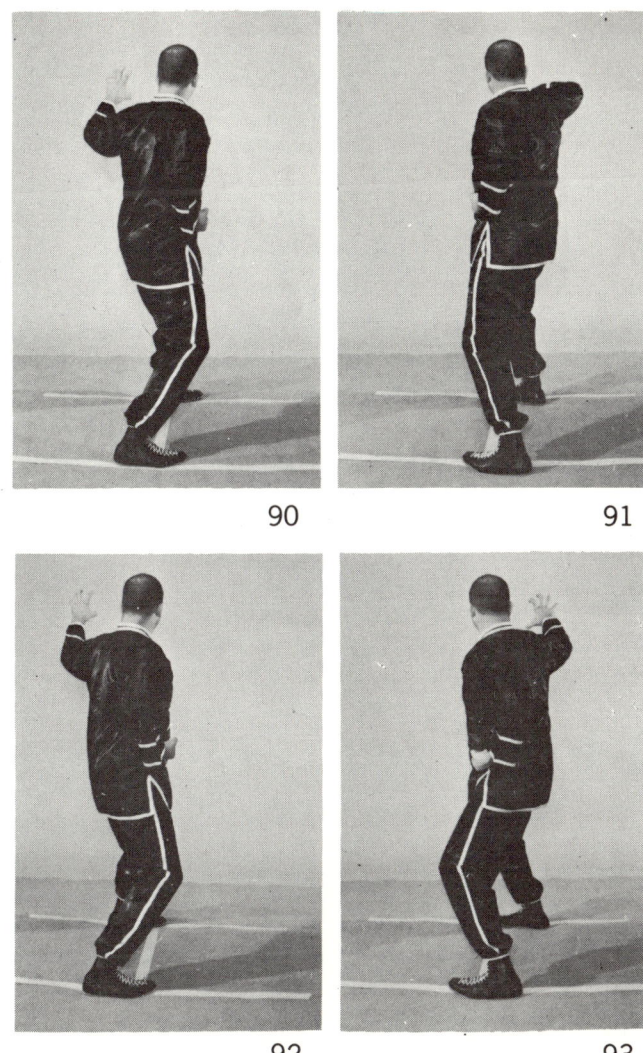

90 91

92 93

94. Mit dem rechten Fuß als Drehpunkt schwingt man den Körper im Uhrzeigersinn herum, so daß er nach hinten zeigt. Während der Drehung führt man einen Drachenstampftritt mit dem linken Fuß aus.

95. Wenn der tretende Fuß abgesetzt ist, schauen beide Füße nach hinten. Der Körper ist nach links gedreht. Nach links schauen und einen Findlingsblock mit dem rechten Arm ausführen.

96. Mit dem rechten Fuß als Drehpunkt schwingt man den Körper im Uhrzeigersinn herum, so daß die Füße nach vorne zeigen, der Körper aber nach links gedreht ist. Nach links schauen und einen Tigerklauenschlag mit der linken Hand ausführen.

97. Den Körper drehen und dabei nach rechts schauen, wobei man einen Peitschender Zweig-Block mit dem rechten Arm ausführt.

98. Den Körper mit dem rechten Fuß als Drehpunkt herumschwingen, so daß er nach hinten zeigt, dabei einen Rammbockschlag mit dem linken Ellbogen durchführen.

99. Ohne Fußbewegung führt man nun einen Findlingsblock abwärts mit dem linken Arm aus.

94   95

96 97

98 99

100. Den Körper mit dem rechten Fuß als Drehpunkt im Gegenuhrzeigersinn herumschwingen, so daß der Körper nach vorne zeigt und der Blick nach rechts geht. Einen Rammbockschlag nach rechts mit dem rechten Ellbogen machen.

In die Pferdestellung zurückkehren und anschließend die Achtungsstellung einnehmen.

100

Reislinien-Übungsfolge

Das ist der traditionelle Name, der einer Übungsfolge gegeben wurde, bei der alle Bewegungen hauptsächlich in kreisförmiger Weise erfolgen, als würde man sich auf den Speichen eines Rades manchmal von Speiche zu Speiche um den Reifen bewegen, und manchmal durch die Nabe. Diese Folge hat ihren Namen wegen der Ähnlichkeit der Choreographie mit dem chinesischen Schriftzeichen für Reis.

Beginn aus der Achtungsstellung.

101. Die Pferdestellung einnehmen.

102. Während die Füße auf ihrer Stelle bleiben, verlagert man das Körpergewicht auf den rechten Fuß (den Körper nach rechts zurückziehen). Dabei einen tiefen, langsamen Messerschlag mit der linken Hand machen.

103. Drehen auf dem linken Fuß und dabei den Körper im Gegenuhrzeigersinn herumschwingen, so daß er nach hinten zeigt. Einen Messerschlag mit der rechten Hand durchführen.

104. Drehen auf dem linken Fuß und den Körper im Gegenuhrzeigersinn herumschwingen, so daß er in einer Katzenstellung nach rechts zeigt. Einen Handkantenblock (Messerschlag) aufwärts mit der rechten Hand ausführen.

101

102

103

104

105. Drehen im Uhrzeigersinn und dabei mit dem linken Fuß gehen, so daß der Körper nach hinten zeigt. Nach rechts schauen und mit der linken Hand einen Messerspitzenstoß durchführen.

106. Mit dem linken Fuß im Gegenuhrzeigersinn gehen, so daß der Körper nach rechts zeigt. Nach vorn schauen und einen tiefen Handkantenblock (Messerschlag) mit der linken Hand ausführen.

107. Drehen auf dem linken Fuß nach vorwärts und dabei einen Drachenstampftritt mit dem rechten Fuß ausführen, wobei man beide Fäuste an die Hüfte nimmt.

108. Den tretenden Fuß absetzen, so daß man nach rechts schaut, und einen Peitschender Zweig-Block nach außen mit dem rechten Arm durchführen.

109. Im Uhrzeigersinn mit dem linken Fuß vorgehen, so daß der Körper nach hinten zeigt, nach rechts schauen und einen Rammbockschlag mit dem linken Ellbogen ausführen.

105   106

110. Wieder zurück im Gegenuhrzeigersinn drehen, wobei der Körper in einem Dreiviertelkreis herumschwingt, so daß er nach links hinten zeigt. Während der Drehung führt man einen Messerschlag nach außen mit der linken Hand durch.

107   108

109   110

111. Bewegen im Gegenuhrzeigersinn, indem man nach links hinten mit dem rechten Fuß geht und dabei einen Widderkopfstoß mit der rechten Hand ausführt.

112. Einen Schritt nach hinten mit dem rechten Fuß gehen, wobei man einen Springender Hirsch-Block nach oben mit der rechten Hand ausführt.

113. Drehen auf dem rechten Fuß und mit dem linken einen Schritt im Uhrzeigersinn machen, so daß der Körper nach links zeigt. Nach hinten schauen und einen seitlichen Hammerschlag mit der linken Hand ausführen.

114. Zurückdrehen, indem man im Uhrzeigersinn mit dem rechten Fuß geht, so daß der Körper nach vorn zeigt. Dabei nach links schauen und einen Messerschlag mit der linken Hand ausführen.

115. Nun mit dem rechten Fuß im Gegenuhrzeigersinn herumgehen, so daß der Körper nach hinten zeigt. Nach links schauen und einen Büffelhornschlag mit der rechten Hand ausführen (Schlag mit dem hervorstehenden Mittelfingerknöchel).

111   112

116. Im Uhrzeigersinn nach rechts vorwärts herum in eine Katzenstellung gehen, mit dem rechten Fuß vorn, und dabei die rechte Hand für einen Messerschlag erheben.

113

114

115

116

117. Mit dem linken Fuß nach rechts gehen und dabei einen Tigerklauenschlag mit der linken Hand durchführen.

118. Mit dem rechten Fuß zurückgehen, so daß der Körper in einer Pferdestellung nach vorn zeigt. Beide Hände werden in Klauenposition gehalten. Sie werden eine kreisförmig greifende Bewegung im Übergang von dieser zur nächsten Bewegung durchführen.

Die Klauenposition ist weniger eine Schlagposition als vielmehr eine vorbereitende Handposition, um zu kratzenden oder stechenden Aktionen überzugehen.

119. Die Klauenhände werden ganz nach vorn ausgestreckt und führen die kreisförmige Bewegung weiter, während man die nächste Bewegung macht.

120. Zur Ausgangsstellung mit beiden Fäusten auf der Hüfte zurückkehren. Die Achtungsstellung einnehmen.

 117
 118

 119
 120

Die Zweimann-Formen

Die Zweimann-Formen des Kung-Fu ähneln den stilisierten Zweimann-Formen anderer Karate-Stile, obwohl diese Übungsfolgen einen längeren Ablauf haben als wir ihn gewöhnlich in Karate finden.

Die übliche Art, diese Zweimann-Formen in den meisten Karate-Stilen zu üben, ist eine Serie von Angriffen, Abwehr und Gegenangriffen, wonach die zwei Gegner wieder die Ausgangsposition einnehmen, um eine neue Folge zu beginnen. In dieser Kung-Fu-Form ist es eine Folge von Angriff, Verteidigung, Gegenangriff, Verteidigung, Gegen-Gegenangriff usw. bis zu insgesamt 10 ganzen Aktionen in einer weichen fortlaufenden Folge.

Obwohl die meisten Kung-Fu-Stile keinen Wettkampf kennen, ähneln diese Formen den Aktionen und Reaktionen, die ganz klar der Vorläufer von Wettkampftrainingsformen sind, die man in späteren Karatetypen findet.

Diese spezielle Kung-Fu-Form wurde hier ausgewählt wegen ihres großen Variationsreichtums an Schlägen und Gegenschlägen, die hier gebraucht werden. Sie ist typisch für eine Übungsfolge, die von etwas fortgeschritteneren Schülern geübt wird.

Man beachte, daß während des Übens der beabsichtigte Angriff nicht ganz ausgeführt werden kann. Die Verteidigung beginnt, während der Angriff unterwegs ist. Die Fotos von dem beabsichtigten Angriff sollen genau zeigen, gegen was man sich verteidigen muß. Die Aktion der Übung geht mit anderen Worten von Foto 122 zu Foto 124, ohne daß der beabsichtigte Angriff wie in Foto 123 durchgeführt würde.

121

122

121. Gruß. Das ist der konventionelle Beginn der Zweimann-Formen. Es gibt hier keine Verbeugung, wie es für die anderen Karate-Stile typisch ist.

122. Der linke Mann nimmt eine seitliche Pferdestellung mit tiefer Deckung ein. Der rechte Mann nimmt eine seitliche Pferdestellung mit hoher Deckung ein.

123

124

123. Der rechte Mann beabsichtigt einen Angriff mit einem Widderkopfstoß zum Kopf.

124. Der Angriff wird vom linken Mann gestoppt, indem er einen Springender Hirsch-Block gebraucht.

125

126

125. Der linke Mann beabsichtigt einen Widderkopfstoß in die Körpermitte.

126. Der beabsichtigte Stoß wird mit einem Findlingsblock nach unten gestoppt. Der rechte Mann macht einen Gegenangriff mit einem rechten Rammbock-Ellbogenschlag.

127

128

127. Der beabsichtigte Gegenangriff mit dem Rammbockschlag wird vom linken Mann mit einem Springender Hirsch-Block gestoppt. Er kontert mit einem Messerspitzenstoß mit seiner rechten Hand.

128. Der rechte Mann stoppt den beabsichtigten Messerspitzenstoß mit einem Springender Hirsch-Block mit dem linken Arm. Er kontert mit einem Erhobener Huf-Tritt wie im Foto gezeigt.

129

130

129. Der beabsichtigte Tritt wird mit einem tiefen Peitschender Zweig-Block gestoppt.

130. Der linke Mann kontert mit einem Pferdetritt, einem nach hinten gerichteten Stampftritt.

131

132

131. ... den der rechte Mann mit einem Peitschender Zweig-Block abwehrt.

132. Der rechte Mann kontert mit einem seitlichen Hammerschlag.

133

134

133. Der linke Mann läßt sich auf das rechte Knie fallen, während er den beabsichtigten Hammerschlag mit einem Springender Hirsch-Block stoppt.

134. Er dreht zu dem rechten Mann und kontert mit einem Widderkopfstoß.

135

136

135. Der rechte Mann vermeidet den beabsichtigten Stoß, indem er nach hinten geht und mit einem Messerspitzenstoß kontert.

136. Der linke Mann erhebt sich, um den beabsichtigten Messerspitzenstoß mit einem Peitschender Zweig-Block, Handfläche nach oben, zu stoppen.

137

138

137. Der linke Mann kontert mit einem Tigerklauenschlag ins Gesicht.

138. Der rechte Mann stoppt den beabsichtigten Tigerklauenschlag mit einem Peitschender Zweig-Block und kontert mit einem Widderkopfstoß.

139

140

139—140. Der linke Mann stoppt den beabsichtigten Widderkopfstoß mit einem Sturzflug-Block.

141

142

141. Der linke Mann beabsichtigt einen Rammbockschlag mit dem rechten Ellbogen.

142. Der rechte Mann stoppt den beabsichtigten Rammbockschlag, indem er einen Felsenschmetterblock mit der linken Hand macht.

143

144

143. Der rechte Mann kontert mit einem Messerschlag zum Genick.

144. Der linke Mann stoppt den beabsichtigten Schlag mit einem Rückhand-Block, Peitschender Zweig.

145

146

145. Der linke Mann kontert mit einem Erhobener Huf-Tritt.

146. Der rechte Mann stoppt den beabsichtigten Tritt mit einem Peitschender Zweig-Block.

147

148

147. Der rechte Mann kontert mit einem Widderkopfschlag.

148. Der linke Mann stoppt den beabsichtigten Schlag mit einem Felsenschmetterblock.

149

150

149. Der linke Mann kontert mit einem Elefantentritt (nach oben mit dem Knie).

150. Beide kehren zur Grußposition zurück.

Dann nehmen sie die Achtungsstellung ein.

Die Tigerform

Die Aktionen in dieser Form werden auf einer kleinen Fläche gemacht. Es geht hier um eine Vielseitigkeit der Handtechniken und knappe Bewegungen in alle Himmelsrichtungen, aber verhältnismäßig wenig Bewegungen außerhalb des Aktionsmittelpunkts.

151. Die Pferdestellung einnehmen.

152. Im Uhrzeigersinn mit dem rechten Fuß zurückgehen, so daß man nach rechts schaut. Einen Felsenschmetterschlag mit der rechten Hand ausführen.

153. Im Gegenuhrzeigersinn herumdrehen, so daß man nach links schaut, und einen Skorpionschlag mit der rechten Hand ausführen.

154. Im Uhrzeigersinn mit dem linken Fuß herumbewegen, so daß man nach vorne schaut, und einen Tigerklauenschlag mit der linken Hand ausführen.

151   152

155. Mit dem rechten Fuß einen kurzen Schritt nach vorn gehen und dabei einen Widderkopfstoß mit der rechten Hand ausführen.

156. Mit dem rechten Fuß im Uhrzeigersinn zurückgehen, so daß man nach rechts schaut, und dabei einen Felsenschmetterschlag mit der linken Hand machen.

153

154

155

156

157   158

157. Ohne die Füße zu bewegen, dreht man jetzt den Körper nach vorn und führt dabei einen Widderkopfstoß mit der rechten Hand aus.

158. Die linke Hand zur Messerschlagposition heben.

159. Ohne zu gehen auf beiden Fußballen im Uhrzeigersinn nach hinten drehen.

160. Dann ohne Fußbewegung einen Messerschlag mit der linken Hand ausführen.

161. Einen Schritt nach rückwärts gehen und die Pferdestellung nach rückwärts schauend einnehmen. Beim Gehen simuliert die linke Hand eine greifende Bewegung, während die rechte die Position zum Durchführen eines Felsenschmetterschlages einnimmt.

162. Den Felsenschmetterschlag mit der rechten Hand ausführen.

159

160

161

162

163   164

163. Nun ohne Fußbewegung einen Rammbockschlag mit dem rechten Ellbogen durchführen.

164. Einen kurzen Schritt mit dem linken Fuß nach rückwärts gehen und dabei einen Felsenschmetterschlag mit der linken Hand ausführen.

165. Nun ohne Fußbewegung einen Widderkopfstoß mit der rechten Hand machen.

166. Drehen auf dem rechten Fuß im Uhrzeigersinn zur Katzenstellung, dabei nach links schauen und den linken Arm in die Ausgangsposition für den Brandungsschlag erheben.

167. Einen kleinen Schritt mit dem linken Fuß vorgehen und dabei einen linken Messerschlag ausführen.

168. Mit dem linken Fuß als Drehpunkt geht man im Gegenuhrzeigersinn herum, so daß man in der Pferdestellung nach rückwärts schaut. Dabei die Fäuste, Handfläche auf Handfläche, an der linken Hüfte halten.

165

166

167

168

169   170

169. Nun ohne Fußbewegung nach links schauen und einen seitlichen Hammerschlag mit der rechten Hand machen.

170. Drehen auf dem rechten Fuß und mit dem linken nach hinten zu einer seitlichen Pferdestellung gehen. Beide Arme werden in hohe Deckung genommen.

171. Nun ohne Fußbewegung gleichzeitige Schläge mit beiden Händen ausführen: die rechte Hand macht einen Widderkopfstoß und die linke Hand einen seitlichen Hammerschlag.

172. Ohne Fußbewegung die rechte Faust an die Hüfte zurückbringen, wobei die linke Hand einen Felsenschmetterschlag ausführt.

173. Einen Schritt im Gegenuhrzeigersinn mit dem linken Fuß zurückgehen, so daß der Körper in der Pferdestellung nach rechts zeigt, und dabei einen Brandungsschlag mit der rechten Hand ausführen.

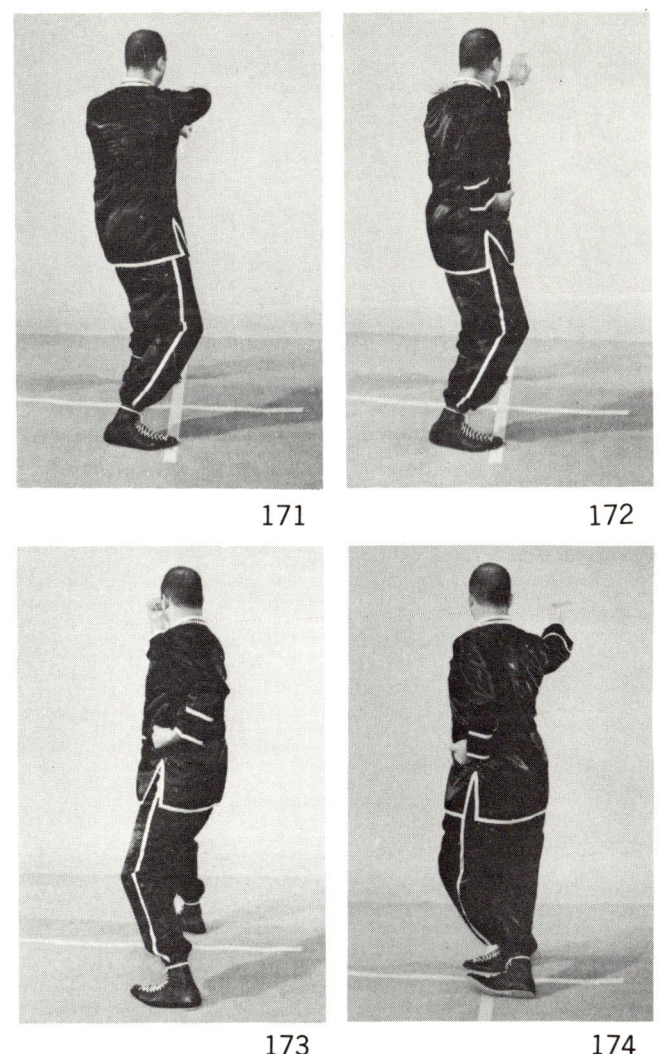

171　　　　　172

173　　　　　174

174. Den linken Fuß über den rechten setzen und dabei einen Peitschender Zweig-Block mit der rechten Hand ausführen, Handfläche nach oben.

 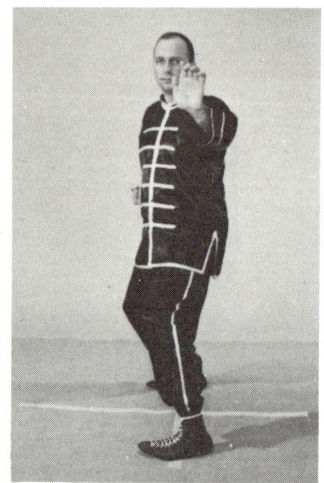

175 176

175. Mit dem rechten Fuß einen Schritt nach hinten gehen und dabei eine nach rechts zeigende Pferdestellung einnehmen, wobei man einen Felsenschmetterschlag nach hinten mit der rechten Hand ausführt.

176. Schaue nun ohne Fußbewegung nach vorn und führe einen linken Felsenschmetterschlag aus.

177. Nun eine Katzenstellung einnehmen, wobei der linke Fuß auf der Stelle bleibt. Die rechte Hand wird wieder in die Position für den Brandungsschlag genommen.

178. Einen kurzen Schritt mit dem rechten Fuß gehen und dabei einen linken Messerschlag machen.

179. Im Gegenuhrzeigersinn in die nach vorn schauende Pferdestellung drehen und einen linken Messerschlag ausführen.

177 178
179 180

180. Nun ohne Fußbewegung einen rechten Widderkopfstoß machen, wobei die linke Faust zur Hüfte gezogen wird.

        181   182

181. Drehen auf dem rechten Fuß und einen Schritt mit dem linken Fuß nach vorn gehen, wobei man einen linken Messerblock durchführt.

182. Drehen im Gegenuhrzeigersinn auf dem linken Fuß, indem man mit dem rechten Fuß einen Schritt herum macht und zu einer nach links zeigenden Pferdestellung kommt. Die rechte Hand zur Messerschlagposition erheben.

183. Einen linken Messerschlag ausführen, wobei man die rechte Hand zur Hüfte zurückreißt.

184. Nun ohne Fußbewegung den Körper nach vorn drehen und dabei einen linken Felsenschmetterschlag machen.

185. Ohne Fußbewegung die linke Hand zurückziehen und damit einen Brandungsschlag ausführen.

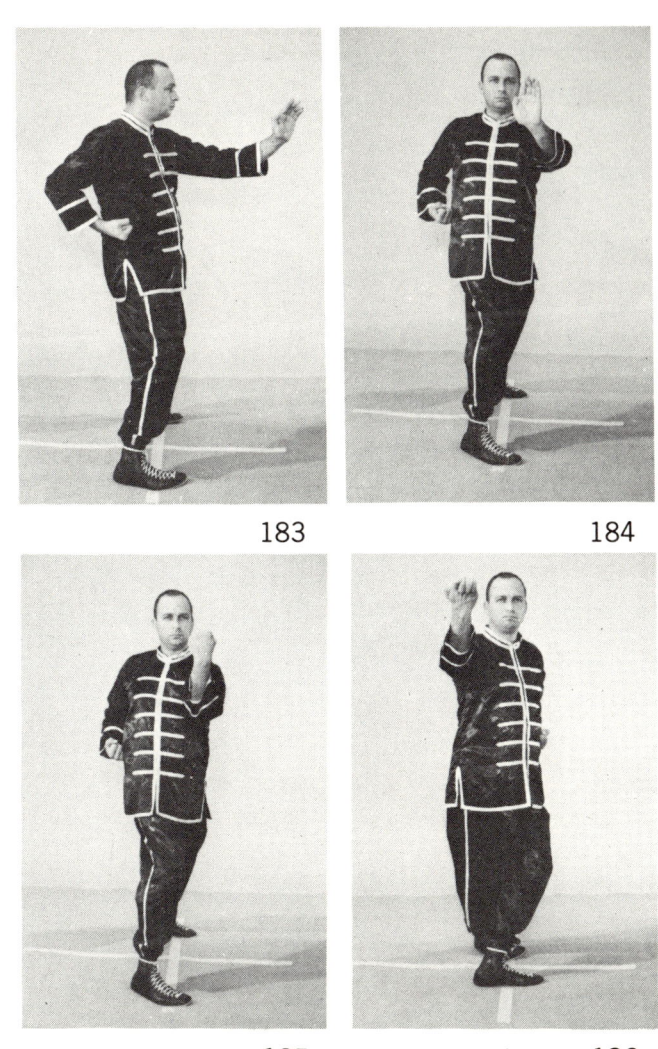

183 184

185 186

186. Mit dem linken Fuß einen Überkreuzschritt machen und dabei einen Peitschender Zweig-Block rechts ausführen, Handfläche nach oben.

       187   188

187. Mit dem rechten Fuß einen Schritt nach vorn gehen und rechts einen Messerschlag machen.

188. Ohne Fußbewegung den Körper nach hinten drehen und dabei einen linken Felsenschmetterschlag ausführen.

189. Mit dem rechten Fuß im Gegenuhrzeigersinn herumgehen, so daß man zu einer nach rechts zeigenden Pferdestellung kommt und einen Findlingsblock nach links in Kopfhöhe mit dem rechten Arm ausführen.

190. Nun ohne Fußbewegung den Körper im Uhrzeigersinn nach links drehen, wobei man einen linken Handkantenschlag ausführt.

191. Mit dem linken Fuß im Gegenuhrzeigersinn zu einer nach rechts zeigenden Pferdestellung gehen, nach vorn schauen und einen rechten Widderkopfstoß ausführen.

192. Mit dem rechten Fuß einen Überkreuzschritt machen, Fäuste an den Hüften.

189

190

191

192

193   194

193. Links einen Schritt nach vorn gehen (der Körper zeigt nach rechts) und dabei einen linken Felsenschmetterschlag ausführen.

194. Mit dem rechten Fuß im Gegenuhrzeigersinn zu einer nach links zeigenden Pferdestellung herumgehen und dabei einen rechten Widderkopfstoß nach vorn ausführen.

195. Den rechten Fuß zu einer geduckten Katzenstellung zurückziehen, wobei man den rechten Arm in hohe Deckung nimmt.

196. Zu einer ganz tiefen geduckten Katzenstellung fallen lassen und dabei einen Brandungsschlag rechts ausführen.

197. Zur aufrechten Katzenstellung erheben und dabei die rechte Hand in tiefe Position und die linke Hand zur hohen Deckung bringen.

198. Mit dem linken Fuß nach vorn gehen.

195

196

197

198

111

199   200

199. Mit dem rechten Fuß einen Drachenstampftritt machen, wobei man die Fäuste, Handfläche zu Handfläche, an die linke Hüfte nimmt.

200. Der tretende Fuß wird hinter dem linken Fuß abgesetzt.

201. Drehen auf beiden Füßen im Uhrzeigersinn, so daß man zu einer nach rechts zeigenden Pferdestellung kommt. Beide Hände werden in hohe Deckung genommen.

202. Ohne Fußbewegung die linke Handfläche über die rechte Faust bringen.

203. Keine Fußbewegung. Mit langsamer Bewegung die Arme ganz nach vorn in der Position Handfläche über Faust strecken.

204. Mit dem linken Fuß zur Achtungsstellung zurückgehen, Fäuste an den Hüften.

201

202

203

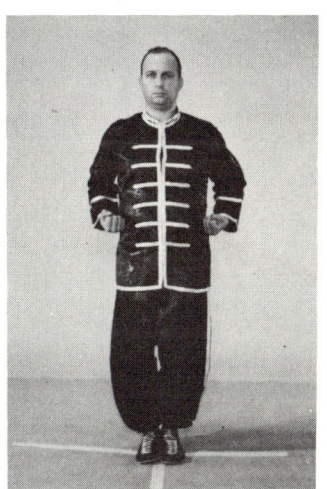
204

Die Adlerform

Auf der Jagd nach seinem Futter schwebt der Adler, stößt herab, schießt nieder und greift seine Beute. Besonders in dieser Übungsfolge imitieren die Handbewegungen solche Bewegungen, die denen eines Raubvogels ähneln.

Beginn aus der Ausgangsposition.

205. Eine nach vorn zeigende Pferdestellung einnehmen.

206–207. Ohne Fußbewegung kreisförmige Bewegungen mit den Fäusten machen. Die linke Faust bewegt sich im Uhrzeigersinn, während sich die rechte im Gegenuhrzeigersinn bewegt, vor Beginn der nächsten Bewegung drei volle Umdrehungen machen.

208. Während man mit dem linken Fuß vorwärts geht (beide Füße zeigen nach rechts), schaut man nach vorn und führt einen Felsenschmetterschlag vorwärts mit der linken Hand aus.

205 206

209. Den linken Arm ganz ausgestreckt, ohne ihn zurückzuziehen, nach rechts vorwärts bewegen.

210. Greifen und ziehen mit der linken Hand, wobei man rechts einen Skorpionschlag ausführt.

207
208

209
210

211   212

211. Im Gegenuhrzeigersinn mit dem rechten Fuß nach vorn herum zur Pferdestellung bewegen und die Hände in offener Krallenposition, Ellbogen am Körper halten.

212. Während man die rechte Faust zur Hüfte zieht, geht die linke Hand zu einer greifenden Krallenposition nach vorne.

213. Die rechte Faust nach oben zur rechten Schulter bringen.

214. Während die linke Faust nun zur Hüfte gezogen wird, führt die rechte Hand einen Brandungsschlag nach vorn aus.

215. Nun ohne Fußbewegung nach rechts schauen und dabei einen Skorpionschlag rechts ausführen.

216. Im Gegenuhrzeigersinn mit dem linken Fuß herumgehen und die Arme dabei zur hohen Deckung nehmen.

213 214

215 216

217. Im Uhrzeigersinn mit dem linken Fuß zur nach vorne schauenden Pferdestellung bewegen und gleichzeitige Handschläge machen: die linke Hand führt einen Tigerklauenschlag aus, die rechte einen Skorpionschlag.

218. Ohne Fußbewegung den Körper drehen, so daß er nach links vorn zeigt, und dabei einen rechten Messerschlag machen.

219. Ohne Fußbewegung den Körper drehen, so daß er nach rechts vorwärts schaut, und dabei einen linken Messerschlag ausführen.

220. Den Körper ohne Fußbewegung nach vorn drehen, und die linke Hand zur hohen Deckung heben.

221. Einen rechten Messerschlag nach vorn ausführen, wobei die linke Faust zur Hüfte gezogen wird.

217

218

222. Mit dem linken Fuß im Gegenuhrzeigersinn zurückgehen, so daß der Körper nach links zeigt, und die rechte Hand in Position für einen niederen Messerschlag bringen.

219

220

221

222

223   224

223. Mit dem rechten Ellbogen einen Rammbockschlag ausführen, ohne die Füße zu bewegen.

224. Einen seitlichen Hammerschlag nach vorn mit der rechten Hand machen.

225. Die rechte Hand nach innen zurückziehen und dann damit einen Skorpionschlag nach vorne ausführen.

226. Ohne Fußbewegung den Körper nach vorn drehen und dabei einen Felsenschmetterschlag nach vorn mit der linken Hand machen.

227. Einen Brandungsschlag mit der rechten Hand ausführen, wobei man die linke Faust zurückzieht.

228. Mit dem rechten Fuß einen Überkreuzschritt nach hinten machen, wobei man mit der linken Hand einen Skorpionschlag nach hinten ausführt.

225

226

227

228

121

229   230

229. Mit dem linken Fuß nach hinten gehen und dabei einen Felsenschmetterschlag mit der rechten Hand ausführen.

230. Während man nun einen Drachenstampftritt nach hinten mit dem rechten Fuß macht, führt man gleichzeitig einen Messerspitzenschlag mit der linken Hand aus.

231. Mit dem Absetzen des tretenden Fußes einen Tigerklauenschlag mit der rechten Hand machen.

232. Mit dem linken Fuß im Uhrzeigersinn gehen und dabei eine nach hinten zeigende Pferdestellung einnehmen.

233. Im Uhrzeigersinn mit dem rechten Fuß weiter herumgehen, so daß man in eine nach links zeigende Pferdestellung gelangt, und dabei einen rechten Findlingsblock ausführen.

234. Den Körper ohne Fußbewegung nach vorn drehen und beide Hände in offener Krallenposition halten.

231

232

233

234

235. Einen Drachenstampftritt links ausführen, wobei man beide Fäuste, Handfläche auf Handfläche, an der linken Seite hält.

236. Das tretende Bein herumschwingen, so daß man im Uhrzeigersinn eine nach hinten zeigende Pferdestellung einnimmt, und dabei einen Brandungsschlag nach links mit der rechten Hand ausführen.

237. Einen rechten Überkreuzschritt machen und dabei einen Peitschender Zweig-Block mit der linken Hand ausführen.

238. Mit dem linken Fuß nach rechts gehen, so daß man zu einer nach hinten gerichteten Pferdestellung kommt, nach rechts schauen und mit der rechten Hand einen Felsenschmetterschlag machen.

239. Im Uhrzeigersinn, mit dem linken Fuß zurück, herumgehen, so daß man eine nach vorn zeigende Pferdestellung erreicht, wobei man die rechte Hand in tiefer und die linke Hand in hoher Deckung hält.

235

236

240. Der linke Fuß bleibt, mit dem rechten Fuß geht man einen kurzen Schritt nach rechts, so daß man nach rechts schaut. Dabei einen Brandungsschlag rechts.

237

238

239

240

241. Drehen auf dem rechten Fuß im Uhrzeigersinn, den linken Fuß herumschwingen, so daß er nach hinten zeigt. Das Körpergewicht wird auf das rechte Bein verlagert, wobei man links einen Brandungsschlag macht.

242. Das Gewicht zur Pferdestellung verlagern und dabei einen Felsenschmetterschlag mit der linken Hand machen.

243. Drehen mit dem linken Fuß als Drehpunkt im Uhrzeigersinn herum, wobei man den rechten Fuß zu einer nach vorne zeigenden Pferdestellung herumschwingt. Dabei einen Skorpionschlag rechts.

244. Keine Fußbewegung. Nach links vorn schauen und dabei einen niederen Messerschlag mit der linken Hand ausführen.

245. Ohne Fußbewegung nach rechts schauen und dabei einen Brandungsschlag mit der rechten Hand ausführen.

241 242

246. Mit dem linken Fuß nach vorn gehen, die linke Hand in Messerschlagposition halten. Die rechte Hand macht dabei eine Schnabelpickbewegung.

243

244

245

246

247   248

247. Mit dem rechten Fuß im Uhrzeigersinn nach vorn gehen, wobei die rechte Hand in Messerschlagposition genommen wird und die linke Hand eine Schnabelpickbewegung macht.

248. Drehen ohne zu gehen nach hinten, und mit der rechten Hand einen Skorpionschlag nach hinten ausführen.

249. Mit dem rechten Fuß ein Drachenstampftritt nach hinten.

250. Nach dem Absetzen des tretenden Fußes die Zerrender Schnabel-Bewegung mit der linken Hand.

251. Einen Brandungsschlag mit der rechten Hand nach hinten ausführen.

249

250

251

252

252. Mit dem linken Fuß im Uhrzeigersinn herum zu einer nach hinten zeigenden Pferdestellung gehen.

253. Einen Messerschlag links ausführen.

254. Mit dem rechten Fuß im Uhrzeigersinn zurückgehen, so daß man zu einer nach links zeigenden Pferdestellung gelangt, dabei ein Hammerschlag mit der rechten Hand ausführen.

255. Den Körper ohne Fußbewegung nach vorn drehen und dabei beide Hände zur hohen Deckung bringen.

256. Die Hände in die Position Handfläche über Faust bringen.

257. Die Arme ganz nach vorne ausstrecken.

258. Gehen zur Achtungsstellung mit beiden Fäusten an den Hüften, wobei man sich im Uhrzeigersinn bewegt.

253

254

255 256

257 258

Tai - Chi

Tai-Chi ist eine hervorragende Körperschule. Alle Bewegungen des Tai-Chi sind vom menschlichen Körper her gesehen natürliche Bewegungen und steigern die normalen Körperfunktionen. Im Gegensatz zum klassischen Yoga zwingt Tai-Chi die Glieder nicht in groteske und unnatürliche Haltungen. Im Tai-Chi werden alle Körperbeugungen nach vorne durchgeführt, was der menschlichen Anatomie entspricht und gut für das Rückgrat ist.

Die Bewegungen des Tai-Chi wirken auf den ganzen Körper von Kopf bis Fuß ein. Die Koordination wird durch die rhythmische, fließende Art der Übungsformen gesteigert. Gleichgewicht und Haltung werden verbessert.

Da es im Tai-Chi keinen Wettkampf gibt, fördert es eine unverkrampfte geistige Einstellung, die dazu beiträgt, den Körper zu entspannen. Es werden keine speziellen Geräte benötigt, und es sind Einzelübungen, die fast überall gemacht werden können, zu der Tageszeit, die dem Ausführenden angenehm ist. Das Zusammenspiel der Bewegungen von Augen und Gliedern schließt ein Maß geistiger Konzentration ein, das gleichermaßen anregend und entspannend wirkt. Beweglichkeit, Anmut und Elastizität sowie Ausgeglichenheit lassen sich durch ernstes und fleißiges Üben des Tai-Chi erreichen.

Obwohl es keine zuverlässigen schriftlichen Quellen der Geschichte des Tai-Chi gibt, existieren genug Beweise dafür, daß es ursprünglich eine Übung war, um die Beweglichkeit zu erhalten und die Bewegungsformen des Kung-Fu-Karate zu perfektionieren. Es wurde von chinesischen Kung-Fu-Kämpfern der feudalen Zeitepoche geübt und entsprach dem heutigen Schattenboxen.

Von seiner ursprünglichen Form, die nur den Zweck hatte, Kämpfer auszubilden, entwickelte Tai-Chi zwei verschiedene Stile, die sich wiederum in viele Unterstile gliederten. Die zwei grundsätzlichen Richtungen waren das harte und das weiche Tai-Chi. Das harte Tai-Chi ist kraftvoll und imitiert die Kampfbewegungen von Kung-Fu-Hand- und -Fußschlägen. Der weiche Stil hat sich zu einem Übungssystem entwickelt, in dem die Hand- und Fußbewegungen kaum noch an die ursprünglichen schlagenden und tretenden Aktionen denken lassen.

Tai-Chi ist ein wertvolles Übungssystem mit vielen anerkannten Vorteilen. Aber Tai-Chi wurde über die Maßen als die „äußerste", die „göttliche" und die „größte" Körperschule gepriesen, mit angeblich therapeutischem Wert. Aus diesem Grund müssen wir Tai-Chi nach den Begriffen moderner physiologischer Erkenntnisse und Leibeserziehung untersuchen.

Vielleicht war Tai-Chi in den Zeiten, als es entwickelt wurde, wirklich das beste an körperlicher Ertüchtigung für eine Klasse von Menschen, die überhaupt keine Übungen machte und auch keine körperliche Arbeit kannte.

Für die damalige Zeit war das Wissen der Chinesen sehr fortschrittlich. Verglichen mit dem, was wir heutzutage über Anatomie und Körperfunktionen wissen, wußten sie sehr wenig. So mag also die übertriebene Wertschätzung des Tai-Chi ihre Berechtigung gehabt haben. Für die Beurteilung heute gelten allerdings andere Maßstäbe.

Obwohl Tai-Chi die wichtigen Elemente der Beweglichkeit, der Koordination und des Gleichgewichts beinhaltet und fördert, fehlt ihm doch etwas ganz Wesentliches, um es als körperliches Allheilmittel zu qualifizieren: Im Tai-Chi gibt es keine Kraftanwendung, nicht genügend Herz-Lungen-Anregung, von der man heute weiß, daß sie für die Erhaltung der Körperfunktionen wichtig ist. Für Betagte, Schwache oder Rekonvaleszenten mag Tai-Chi das einzig mögliche Übungssystem sein, weil es die Kräfte nicht strapaziert. Ohne diese Behinderungen aber sollte man auch kraftvolle Übungen in das persönliche Trainingsprogramm aufnehmen. Das mag Dauerlauf, Schwimmen, Handball, Tennis oder eine andere Sportart sein, die den Kreislauf anregt. Auch die Kung-Fu-Übungsfolgen können das Trainingsprogramm abrunden, wenn sie mit höchstem Kraftaufwand betrieben werden.

Im modernen China wird Tai-Chi sehr viel betrieben, aber diese Übungen werden noch durch kraftvolles Training anderer Art ergänzt.
Die angebliche Heilkraft von Tai-Chi ist nicht vorhanden. Manche Tai-Chi-Anhänger behaupten, daß damit Krankheiten zu kurieren und Organe wieder zum Funktionieren zu bringen seien. Obgleich das regelmäßige Üben von Tai-Chi das Wohlbefinden steigert und den Allgemeinzustand verbessert, ist es kein Mittel gegen verschiedene Krankheiten. Beschwerden, die durch Tai-Chi geheilt werden können, würden auch durch andere gymnastische Übungen behoben werden. Eine Heilung durch Tai-Chi zu versprechen, käme einer bewußten Täuschung gleich und würde diese Körperschule auf eine Stufe mit Quacksalberei stellen. Das aber hat sie nicht verdient. Tai-Chi bietet ein hervorragendes Übungsprogramm und sollte als solches akzeptiert werden.

Tai-Chi bewußt üben

Es ist durchaus möglich, sich bestimmte Bewegungen einzuprägen und sie dann automatisch auszuführen; täglich tut man vieles unbewußt. Beim Tai-Chi aber sollten die Gedanken bei den Übungen sein, und man darf sie nicht mechanisch und unbewußt abspulen.
Aufmerksamkeit und Konzentration sind keine geheimnisvollen Befähigungen. Es sind Funktionen, die man kontrollieren kann. Während man die Übungen macht, muß man über sie nachdenken, das Bewußtsein bei der Ausführung und der Haltung verweilen lassen. Aufmerksamkeit bedeutet doch nichts anderes, als alle Sinne einzuschalten und wach zur Kenntnis zu nehmen, was geschieht, sei es beim Zähneputzen oder bei einem Spaziergang am Strand. Sich beim Tai-Chi auf das Üben zu konzentrieren ist also eine gute Schulung für bewußteres Leben auch auf anderen Gebieten. In dem Maße, wie die Konzentration immer besser gelingt, erwächst daraus auch eine erweiterte Lebensfreude.

Die Tai-Chi-Übungen sind ein erfreulicher Zeitvertreib und weder körperlich anstrengend noch schwierig zu erfassen. So sanft, abgerundet und fließend wie die Bewegungen sind, gehen sie auch in Geist und Körper ein. Es sollen keine Pflichtübungen sein, sondern eine Selbsterfahrung von Körper und Geist.
Da keine der Tai-Chi-Bewegungen schwierig auszuführen ist, erleichtert das den sanften Zugang. Ganz ohne Schwierigkeiten wird es zwar anfänglich nicht abgehen, aber das Einprägen der Übungsfolgen kann ohne Verkrampfung geschehen. Ehe man sich damit abkämpft, sollte man lieber noch einmal am Anfang der jeweiligen Übung beginnen.

Die Bewegungen im Tai-Chi

Tai-Chi-Bewegungen sind langsam, weich, rund, fließend und sanft. Zwischen den Stellungen treten keine merkbaren Verzögerungen ein, wenn man sie erst einmal beherrscht. Gewundene Bewegungen herrschen vor. Sogar wenn die Schlußbewegung nach vorn gerichtet ist, geht ihr normalerweise eine runde Bewegung, ein Fegen oder Ringeln der Hände und Arme voraus. Die Schritte werden leicht und weich gemacht. Man schwebt durch die Bewegungen, als würde man fliegen oder schwimmen. Die Vorstellung, sich im Wasser zu bewegen, kommt der Ausführungsart im Tai-Chi sehr nahe. Auch im Wasser bewegt man sich langsam und kämpft nicht dagegen an; so schwimmt man locker und leicht. Hat man dagegen Angst und ist verkrampft, dann werden die Bewegungen hektisch, plump und fahrig. Man stelle sich also auf ein Bild der langsamen, sanften Bewegungen ein, wie ein Vogel in der Luft oder wie Seegras im Wind.
Wenn die eigene Stellung oder Bewegung etwas von der auf den Fotos abgebildeten abweicht, ist das kein Grund zur Besorgnis. Hauptsache ist, das Wesen der Bewegungen zu erfassen; dann haben die Übungen bereits einen Sinn.

Großer Kreis

259. Ruhestellung, nach Osten schauen.

260. Der Atem wird eingesogen und die Arme heben sich ...

259

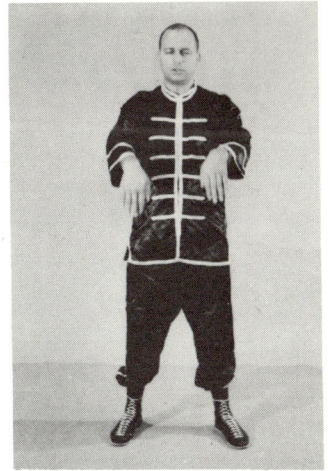
260

261. ... und erreichen Brusthöhe, wenn ganz eingeatmet ist...

261

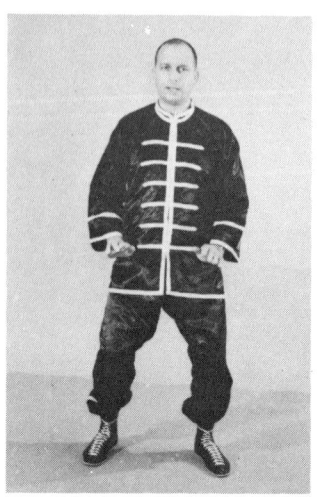 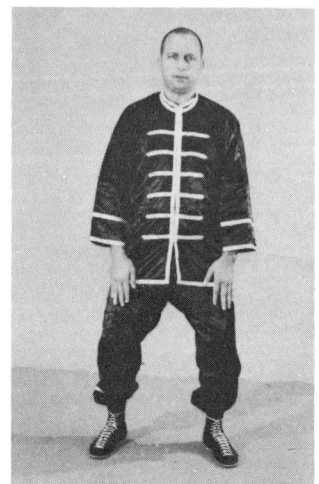

262   263

262. ... und es wird nun ausgeatmet, während die Arme die fließende Bewegung abwärts fortsetzen...

263. ... die Schenkel erreichen, wobei die Knie leicht gebeugt werden, so daß man zu einer leicht geduckten Stellung mit geradem Rücken kommt.

264. DEN SÜDWIND BERÜHREN. Wenn der Körper nach Süden dreht, wobei nur wenig Gewicht auf den rechten Fuß verlagert wird (der linke Fuß bleibt auf der Stelle), bewegen sich die Hände wie um den Rand eines großen Kreises mit der linken Hand oben.

265. Die Hände setzen diese Bewegung um den Rand des Kreises fort, bis die linke Hand von dem Rand herunterfällt, Handfläche nach hinten. Die rechte Hand stößt, während sie den Höhepunkt des Randes erreicht, sanft nach vorn gegen den Wind, Handfläche zum Gesicht. Während sich die rechte Hand erhebt, geschieht das gleiche mit dem rechten Fuß ...

264 265

266 267

266. ... und die Bewegung wird so weiter geführt, daß der rechte Fuß abgesetzt und das Körpergewicht nach vorn verlagert wird.

267. DEN OSTWIND BERÜHREN. Wenn die Hände an den Rand des Rades zurückkommen (rechte Hand hoch), dreht man den Kopf und schaut nach Osten...

268 **269**

268. ... und der linke Fuß wird gehoben, während sich die Hände um den Reifen herum bewegen...

269. ... und der linke Fuß abgesetzt wird mit voller Belastung, wobei die rechte Hand am niedrigsten Punkt des Reifens herunterfällt (Handfläche nach hinten). Die linke Hand stößt sanft nach vorn gegen den Wind, Handfläche zum Gesicht.

270. DIE GEZEITEN. Wenn die Hände zurückkommen, um den Reifen wieder zu berühren (linke Hand hoch), dreht sich der linke Fuß auf der Stelle, und der Körper zeigt nach Süden.

271. Nun stellt man sich vor, daß der Reifen des Rades immer kleiner wird, so daß die Hände zusammenkommen, wobei der rechte Fuß belastet nach vorne gebracht wird.

272. Die Hände werden in einem kleinen Kreis um den Reifen bewegt, so daß die linke Hand mit der Handfläche nach oben kommt, wobei das Körpergewicht vom rechten auf den linken Fuß zurückgenommen wird...

270 271
272 273

273. ... Das wird fortgesetzt, bis das Gewicht völlig auf dem linken Fuß ruht und das linke Bein gebeugt ist. Die Hände verlassen den Reifen, die linke Hand wird hochgenommen, Handfläche nach außen, und die rechte Hand in Brusthöhe, Handfläche nach unten.

274   275

274. Beide Hände fließen nach vorn, Handflächen zueinander, und das Körpergewicht wird nach vorne auf den rechten Fuß verlagert.

275. Die Arme fließen zurück, Handflächen nach außen, wobei das Körpergewicht auf den linken Fuß zurückgenommen wird.

276. Die Arme fließen vorwärts, Handflächen nach außen, wobei das Körpergewicht wieder nach vorn auf den rechten Fuß verlagert wird.

277. DER KRANICH. Eine Drehung im Gegenuhrzeigersinn, während der Oberkörper sich nach Norden dreht, die Arme mit den Handflächen nach unten herumfließen und die Füße sich auf der Stelle drehen.

278. Wenn die Drehung abgeschlossen ist, und der Körper nach Norden zeigt, wird das linke Bein angehoben, mit der Ferse zum Knie. Die Arme fließen nach oben mit der hängenden rechten Hand bis in Schulterhöhe, die linke Hand stößt sanft nach vorne, Handfläche nach vorn zeigend, Foto 279.

276

277

278

279

280 281

280. AUFFLIEGENDER VOGEL. Der Körper wird nach Osten gedreht, wobei beide Arme weite fließende Kreise bechreiben und das rechte Knie erhoben wird.

281. Der erhobene Fuß wird nach vorne auf die Ferse abgesetzt, wobei beide Hände eng zusammenkommen.

282. Das Körpergewicht verlagert sich nach vorn, wobei der rechte Fuß von der Ferse zu den Zehen abrollt, beide Arme fließen nach Nord-West.

283. Der rechte Fuß macht einen kleinen Schritt nach vorn und das Körpergewicht wird nachgezogen, die linke Hand klatscht auf das rechte Handgelenk, und beide Arme schwingen leicht nach vorn.

284. BLICK NACH NORDEN. Während der Körper nach Norden gedreht wird, wird der linke Fuß leicht nach vorn gesetzt, der linke Arm hängt locker an der Seite, die rechte Hand bewegt sich mit der Handfläche nach unten bis in Kopfhöhe.

282   283

284   285

285. PFAD NACH LINKS. Wenn der Körper nach Osten gedreht wird, fließen beide Arme herum, und die Hände werden so gehalten, als wären sie auf dem Reifen eines großen Rades, die rechte Hand unten am Reifen.

286   287

286. Während die Hände sich um den Reifen herum bewegen, bis die rechte Hand auf die Oberseite des Reifens kommt, macht der linke Fuß einen hohen Schritt, und in dem Moment, in dem die linke Hand die Unterseite des Reifens erreicht, fällt sie zur Seite weg; der Körper ist nach Norden gedreht.

287. Der Fuß wird nun abgesetzt und das Körpergewicht wird darauf verlagert, wobei die rechte Hand mit der Handfläche nach vorn sanft nach vorne drückt.

288 289

288. DER STAB. Während das Körpergewicht auf den rechten Fuß und die linke Ferse zurückfließt, fließt die rechte Hand nach unten, zurück und um den kleinen Reifen, wobei die linke Hand nach oben und um den Reifen fließt, bis beide Hände in einer Haltung sind, als würden sie einen Stab halten.

Wiederholen Pfad nach links, Fotos 285–287.

289. PFAD NACH RECHTS. Wenn sich der Körper nach Westen bewegt hat, werden die Hände auf den Reifen des Rades gelegt, rechte Hand oben.

290   291

290. Während sich der Körper zurück nach Norden bewegt, werden die Hände um den Reifen bewegt, sodaß die linke Hand oben ist; der rechte Fuß macht einen hohen Schritt, wobei die rechte Hand vom unteren Teil des Reifens abfällt.

291. Der Fuß wird abgesetzt und das Körpergewicht darauf verlagert, wobei die linke Hand sanft mit der Handfläche nach vorne drückt.

Wiederholen Pfad nach links, Fotos 285—287.

Wiederholen Der Stab, Foto 288.

292 293

Wiederholen Pfad nach links, Fotos 285—287.

292. STARKE RECHTE FAUST. Wenn die rechte Hand zurück und unter den Reifen eines Rades gezogen ist, wird sie zur Faust geballt und bewegt sich dann auf die Oberseite eines Kreises nach Osten.

293. BLICK IN DEN WIND. Die rechte Faust wird eng an die rechte Seite zurückgezogen, wobei der rechte Fuß einen Schritt nach Norden macht. Die rechte Faust bewegt sich auf einer geraden Linie direkt nach vorwärts, wobei die linke Hand auf den rechten Oberarm klatscht. Der linke Fuß macht einen Schritt, wobei das Körpergewicht mit nach vorne fließt.

294   295

294. DAS SONNENRAD. Der Körper wird nach Osten gedreht, wobei die Hände nach außen gerichtete Kreise beschreiben und am Kopf mit den Handflächen nach vorn zusammengebracht werden.

295. Die fließenden Hände bewegen sich mit den Handflächen nach unten außen...

296. ... und setzen diese fließende Bewegung bis zu einer gekreuzten Haltung in Brusthöhe fort, Handflächen nach innen...

297. ... und fallen dann sanft mit den Handflächen auf die Oberschenkel.

298. **DEN SÜDWIND TEILEN.** Der rechte Fuß gleitet nach Süden, wobei das Körpergewicht auf den linken Fuß verlagert wird.

299. Der rechte Fuß macht einen hohen Schritt, wobei die linke Hand bis zur Schulterhöhe streicht.

 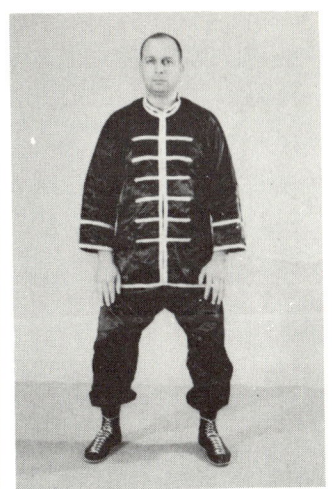

296   297

298   299

300   301

300. Wenn der Fuß abgesetzt und das Körpergewicht darauf verlagert wird, bewegt sich die linke Hand sanft nach vorn in Richtung Süden mit der Handkante nach vorn.

301. DAS RAD GREIFEN. Wenn das Körpergewicht auf den linken Fuß zurückgenommen wird, fließen die Hände rundherum, wie um den Reifen eines Rades zu halten, rechte Hand in Brusthöhe, linke Hand tief.

Wiederholen Die Gezeiten, Fotos 270—276.

Wiederholen Der Kranich, Fotos 277, 278.

302. VOGEL MIT ANGELEGTEN FLÜGELN. Wenn der rechte Fuß vorgeht und das Körpergewicht mit nach vorne fließt, fließt der linke Arm zurück und wird zum Rückgrat genommen, wobei der rechte Arm nach vorne in Brusthöhe mit lockerer Hand gehalten wird.

302

303

304

303. Wenn der linke Fuß nur leicht belastet nach vorne bewegt ist, kreist der linke Arm herum, bildet einen Vogelschnabel, und die rechte Hand wird zu einer lockeren Faust.

304. ZURÜCKWEICHENDE WELLEN. Mit dem linken Fuß zurückgehen, wobei sich der rechte Arm sanft hebt und der linke Arm zur Seite abfällt, mit der Handfläche nach vorn.

305   306

305. Mit dem rechten Fuß zurückgehen, wobei sich der linke Arm sanft hebt und der rechte Arm zur Seite abfällt, mit der Handfläche nach vorn.

306. Die Bewegung von Foto 304 wiederholen.

307. DAS RAD DREHEN. Ohne Fußbewegung greifen nun beide Hände leicht zu, als würden sie den Reifen eines großen Rades halten, mit der linken Hand oben auf dem Reifen.

308. Wenn die Hände das Rad drehen, die rechte Hand nach außen und vorwärts, wird der Körper nach Osten gedreht, mit dem rechten Fuß nach vorn.

Wiederholen Auffliegender Vogel, Fotos 280—283.

Wiederholen Blick nach Norden, Foto 284.

Wiederholen Pfad nach links, Fotos 285—287.

307

308

309

309. BLUMEN PFLÜCKEN. Wenn der rechte Fuß einen kleinen Schritt nach vorn, gefolgt von einem kleinen Schritt mit dem linken Fuß, macht, senkt sich der Körper sanft mit einem Beugen des Rückens und der Knie. Die rechte Hand wird zurückgezogen und dann nahe am linken Fuß gehalten, die linke Hand fließt über Kreuz, und die Finger berühren leicht den rechten Ellbogen.

310. DEN NORDEN PREISEN. Wenn der Körper sich langsam zum Stand erhebt, mit dem Gewicht hauptsächlich auf dem rechten Fuß, werden beide Arme zur Brust genommen, mit den Handflächen nach außen.

311. Wenn der linke Fuß nach vorn geht und das Körpergewicht darauf verlagert wird, werden beide Hände mit den Handflächen nach vorne gestreckt.

312. SCHNEIDENDER WIND. Wenn der Körper sich nach Süden dreht, wobei das Gewicht auf dem linken Fuß bleibt, wird der rechte Arm vor die Brust genommen, macht dann eine lockere Faust, streckt sich und dreht nach außen, wobei die linke Hand zur Seite fällt.

313. BLICK IN DEN WIND, SÜDEN. Mit dem linken Fuß herumgehen und nach Süden schauen, mit dem linken Fuß vorne. Die Armbewegung von Blick in den Wind, Foto 293, wiederholen.

Wiederholen Das Rad greifen, Foto 301.

Wiederholen Die Gezeiten, Fotos 270—276.

Wiederholen Der Kranich, Fotos 277—278.

310

311

312

313

314   315

314. FLÜGELSCHLAG. Drehen auf den Fußballen beider Füße und nach Osten schauen, wobei die Hände leicht ein großes Rad ergreifen, mit der rechten Hand oben auf dem Rad.

315. Nun kommt ein kleiner Schritt links vorwärts, die linke Hand fließt nach oben mit der Handfläche zum Gesicht, wobei die rechte Hand nach unten fließt.

316. Es folgt ein kleiner Schritt mit dem rechten Fuß, die rechte Hand fließt nach oben und die linke nach unten.

Wiederholen Der Kranich, Fotos 277, 278.

317. DEN NORDWIND TEILEN. Beide Hände werden vor die Brust genommen und drücken dann sanft mit den Handflächen nach vorne.

318. Während das Körpergewicht auf den rechten Fuß zurückgenommen wird, fällt die rechte Hand sanft zur Seite mit der Handfläche nach oben.

319. Während beide Hände sich um den Reifen eines Rades herumbewegen, so daß die rechte Hand hoch nach oben kommt, wird der linke Fuß erhoben.

320. Während der linke Fuß abgesetzt und das Körpergewicht darauf verlagert wird, stoßen beide Hände mit den Handflächen sanft nach vorn.

321. TANZENDER BÄR. Während die Arme nach außen fließen und zu den Seiten ausgestreckt werden, wird das rechte Bein gehoben und dann ausgestreckt.

322. Wenn der rechte Fuß abgesetzt und das Körpergewicht darauf verlagert wird, schwingen beide Arme nach innen und dann nach außen, während das linke Bein gehoben und anschließend ausgestreckt wird.

Nach Süden drehen und 322 wiederholen.

Wiederholen Pfad nach links, Fotos 285—287.

Wiederholen Pfad nach rechts, Fotos 289—291.

Nach Süden drehen.

323. KAMPF DEM DRACHEN. Wenn man einen Schritt nach vorne mit dem linken Fuß gemacht hat, wird die rechte Hand zur lockeren Faust geballt, beschreibt einen Bogen zur Seite und wird dann nach vorne gestreckt mit gebeugtem Ellbogen; die linke Hand berührt leicht den rechten Ellbogen. Mit dem linken Fuß herumgehen und nach Norden schauen.

Wiederholen Kampf dem Drachen, Foto 323.

Wiederholen Schneidender Wind, Foto 312.

Wiederholen Blick in den Wind, Foto 313.

Wiederholen Tanzender Bär, Fotos 321, 322.

320

321

322

323

161

324   325

324. KAMPF DEM LEOPARDEN. Wenn der tretende Fuß hinter dem linken Fuß abgesetzt ist, wird das Körpergewicht auf den linken Fuß verlagert und beide Hände greifen, als würden sie einen dicken Stab leicht an der linken Seite des Körpers halten.

325. Der Stab wird von der linken zur rechten Seite des Körpers bewegt.

326. Der Stab wird nach vorn und oben gedrückt.

327. KAMPF DEM PANTHER. Nach einem Schritt vorwärts mit dem rechten Fuß, wobei das Körpergewicht auf diesen Fuß verlagert wird, wird der Stab in Brusthöhe gehalten.

328. Der Stab wird nach der linken Seite des Körpers gedreht.

329. Der Stab wird nach oben und vorn gestoßen.

326

327

328

329

Wiederholen Tanzender Bär, Fotos 321, 322.

330. DIE RUDER GREIFEN. Wenn der tretende Fuß abgesetzt wird, stoßen die Arme nach innen herunter ...

331. ... und wenn der tretende Fuß nach vorne abgesetzt und belastet ist, greifen die Hände, als würden sie Ruder halten.

Wiederholen Tanzender Bär mit dem linken Fuß, wie Foto 322.

Wiederholen Die Ruder greifen, Fotos 330, 331.

Wiederholen Tanzender Bär mit dem linken Fuß, Fotos 321, 322.

Wiederholen Pfad nach links, Fotos 285—287.

Wiederholen Starke rechte Faust, Foto 292.

Wiederholen Blick in den Wind, Foto 313.

Wiederholen Das Sonnenrad, Fotos 294—297.

Wiederholen Den Südwind teilen, Fotos 298—300.

Wiederholen Das Rad greifen, Foto 301.

Wiederholen Die Gezeiten, Fotos 270—276.

Wiederholen Der Kranich, Fotos 277—278.

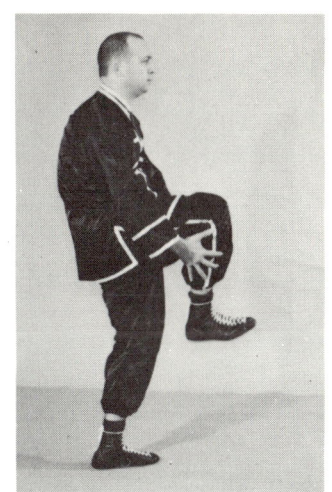
330

331

332

323. DEN SCHILD RECHTS HALTEN. Das Körpergewicht nach Nordosten verlagern, die Hände leicht so, als würde man einen gekrümmten Schild halten, den linken Arm in Brusthöhe in dem Schild.

333   334

333. Während der linke Arm zur Seite herunterfließt, wird der rechte Arm in Brusthöhe in den Schild genommen, wobei der Körper sich nach Norden verlagert.

334. Nun den Körper ohne Schritt nach Südosten drehen, wobei die rechte Hand herunterfällt und der linke Arm in den Schild genommen wird.

335. Ohne Schritt fließt nun das Körpergewicht zurück auf den linken Fuß, wobei beide Hände eine kleine Kugel greifen, mit der rechten Hand oben.

336. Die Kugel drehen, so daß die linke Hand nach oben kommt.

337. Während der rechte Fuß nach vorne geht, fällt die linke Hand zur Seite, und die rechte Hand wird in Schulterhöhe gehalten, mit der Handfläche zum Gesicht.

335 336
337 338

338. DEN SCHILD LINKS HALTEN. Ohne Schritt den Körper nach Nordosten drehen, wobei der rechte Arm in Brusthöhe in den Schild genommen wird und die linke Hand an der Seite herunterfällt.

339   340

339. Den Körper ohne Schritt nach Südosten drehen, wobei die rechte Hand seitlich herunterfällt und der linke Arm in den Schild genommen wird.

340. Ohne Schritt dreht der Körper nun nach Nordosten, wobei die linke Hand an der Seite herunterfällt und der rechte Arm in den Schild genommen wird.

341. Mit einem rechten Schritt rückwärts greifen beide Hände leicht eine Kugel, wobei die linke Hand oben ist.

342. Ohne Fußbewegung wird nun die Kugel gedreht, so daß die rechte Hand oben ist.

343. Wenn der linke Fuß nach Nordosten geht, fällt die rechte Hand seitlich herunter und der linke Arm wird in Schulterhöhe gehalten, mit der Handfläche zum Gesicht.

341

342

343

Wiederholen Den Schild rechts halten, Fotos 332—337.

Wiederholen Den Südwind berühren, Fotos 264—266.

Wiederholen Die Gezeiten, Fotos 270—276.

Wiederholen Der Kranich, Fotos 277, 278.

344   345

344. FLACHSSPINNENDE HEXE. Das Körpergewicht wird auf das rechte Bein verlagert, das linke Bein ist ausgestreckt und trägt wenig Körpergewicht, die linke Hand wird an der rechten Seite mit der Handfläche nach oben gehalten.

345. Mit dem linken Fuß herumgehen, so daß man nach Süden schaut, wobei die rechte Hand an der rechten Seite herunterfällt und die linke Hand in Kopfhöhe gehalten wird, Handfläche zum Gesicht.

346. Der rechte Fuß macht einen Schritt hinter den linken Fuß, etwas Gewicht wird auf den rechten Fußballen verlagert, und die rechte Handfläche berührt den linken Unterarm.

347. Das Gewicht fließt auf den rechten Fuß zurück, wobei die rechte Hand, mit der Handfläche nach oben, bis in Hüfthöhe herunterfällt.

348. Der rechte Fuß macht einen Schritt nach Norden, so daß der Körper nach Westen zeigt, wobei die linke Hand an der Seite herunterfällt und die rechte Hand in Brusthöhe, mit der Handfläche nach außen, gehalten wird; die rechte Hand drückt sanft nach Norden.

346   347

348   349

349. Der linke Fuß geht hinter den rechten Fuß, wobei die linke Handfläche auf den rechten Unterarm gelegt wird.

350 351

350. Das Gewicht wird auf den linken Fuß verlagert, wobei die linke Hand, mit der Handfläche nach unten, in Hüfthöhe gehalten wird.

351. Mit dem linken Fuß herumgehen, so daß man nach Norden schaut, wobei die linke Hand, mit der Handfläche nach innen, in Gesichtshöhe genommen wird und die rechte Hand zur rechten Seite abfällt.

352. Der rechte Fuß geht hinter den linken, wobei die rechte Handfläche auf den rechten Unterarm gelegt wird.

353. Die rechte Hand fällt bis in Hüfthöhe herunter, mit der Handfläche nach oben.

354. Der rechte Fuß geht nach Süden, wobei die rechte Hand in Kopfhöhe genommen wird, mit der Handfläche zum Gesicht; die linke Hand fällt zur Seite.

355. Der linke Fuß geht hinter den rechten Fuß, wobei die linke Handfläche auf den rechten Unterarm gelegt wird.

352   353

354   355

Der linke Fuß geht einen Schritt zurück; Den Ostwind berühren, Fotos 267—269, wiederholen.

Wiederholen Die Gezeiten, Fotos 270—276.

Wiederholen Der Kranich, Fotos 277—278.

Wiederholen Flügelschlag, Fotos 314—316.

Wiederholen Der Kranich, Fotos 277—278.

356. HERABGLEITENDE SCHLANGE. Das Gewicht wird auf das gebeugte rechte Bein zurückgenommen, und dann beugt sich der Körper nach vorne, während die linke Hand am linken Bein abwärts gleitet.

357. DER STORCH. Beim Wiederaufrichten das rechte Bein mit gebeugtem Knie heben, wobei die rechte Hand mit gespreizten Fingern bis in Gesichtshöhe erhoben wird und die linke Hand an der Seite herunterfällt.

358. Der rechte Fuß wird hinter den linken Fuß abgesetzt und das linke Bein wird mit gebeugtem Knie erhoben, wobei die rechte Hand an der Seite herabfällt und die linke Hand mit gespreizten Fingern erhoben wird.

Mit dem linken Fuß zurückgehen und dann Zurückweichende Wellen, Fotos 304—306, wiederholen.

Wiederholen Das Rad drehen, Fotos 307, 308.

Wiederholen Auffliegender Vogel, Fotos 280—283.

Wiederholen Blick nach Norden, Foto 284.

Wiederholen Pfad nach links, Fotos 285—287.

Wiederholen Blumen pflücken, Foto 309.

Wiederholen Den Norden preisen, Fotos 310, 311.

356

357

358

Wiederholen Den Schild rechts halten, Fotos 332—337.

Wiederholen Den Südwind berühren, Fotos 264—266.

359. DRACHEN-FLAMME. Die Handgelenke sind überkreuzt.

360. Drehen, so daß man nach Süden schaut, Gewicht auf dem linken Bein, wobei die Hände so gehalten werden, als hielten sie eine Kugel in Hüft- und Brusthöhe, linke Hand oben.

361. Nun macht man einen Schritt mit dem rechten Fuß, und das Körpergewicht wird darauf verlagert. Die Arme werden ausgestreckt, und die Kugel wird kleiner.

Einen Schritt mit dem linken Fuß machen und Blick in den Wind, Foto 313, wiederholen.

Wiederholen Das Rad greifen, Foto 301.

Wiederholen Die Gezeiten, Fotos 270–276.

Wiederholen Der Kranich, Fotos 277, 278.

Wiederholen Flügelschlag, Fotos 314–316.

Wiederholen Der Kranich, Fotos 277, 278.

Wiederholen Den Nordwind teilen, Fotos 317–320.

362. DEMÜTIGE BITTE. Das Gewicht fließt auf das rechte gebeugte Bein zurück, wobei die Hände zurückgleiten, um eine kleine Kugel in Hüft- und Brusthöhe zu halten, mit der linken Hand oben.

359

360

361

362

363. Wenn das Gewicht nach vorn auf das linke gebeugte Bein fließt, strecken sich die Hände nach vorn.

364. Das Gewicht wird auf den rechten Fuß zurückgenommen, wobei der linke Fuß an den rechten herangezogen wird und die linke Schuhspitze kaum noch den Boden berührt. Die Handgelenke sind vor der Brust überkreuzt, mit den Handflächen zur Brust.

Wiederholen Tanzender Bär mit dem linken Fuß, Fotos 321, 322.

Wiederholen Pfad nach links, Fotos 285—287.

Wiederholen Pfad nach rechts, Fotos 289—291.

Wiederholen Kampf dem Drachen, Foto 323.

Wiederholen Das Rad greifen, Foto 301.

Wiederholen Die Gezeiten, Fotos 270—276.

Wiederholen Der Kranich, Fotos 277—278.

Wiederholen Herabgleitende Schlange, Foto 356.

365. GEKREUZTE ZWEIGE. Wenn sich der Körper hebt, wird das Körpergewicht auf den linken Fuß verlagert. Nun einen Schritt mit dem rechten Fuß machen und die Handgelenke vor der Brust kreuzen. Die Hände werden zur lockeren Faust geballt.

Wiederholen Tanzender Bär mit dem rechten Fuß, Fotos 321, 322.

Wiederholen Blick nach Norden, Foto 284.

363

364

365

Wiederholen Tanzender Bär mit dem linken Fuß, Fotos 321, 322.

 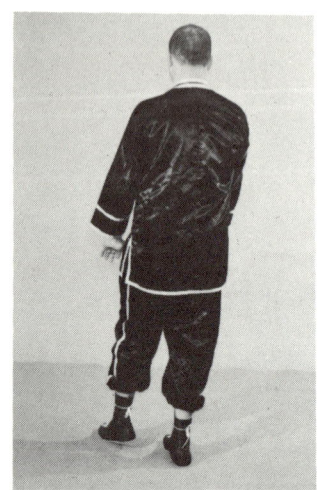

366 367

366. GRIFF NACH DEM AST. Während der linke Fuß abgesetzt wird, strömen die Arme nach innen.

367. Auf dem rechten Fuß drehen, so daß man nach Osten schaut, dann nach Süden, nach Westen und Norden; man beschreibt also einen vollen Kreis.

368. Das Körpergewicht auf das linke Bein verlagern, das rechte Bein strecken und heben, und nach dem rechten Fuß mit beiden Händen greifen. Den rechten Fuß vorn absetzen, das Körpergewicht darauf verlagern und Kampf dem Panther, Fotos 327–329, wiederholen.

Wiederholen Starke rechte Faust, Foto 292.

Wiederholen Blick in den Wind, Foto 313.

Wiederholen Das Sonnenrad, Fotos 294–297.

 368    369

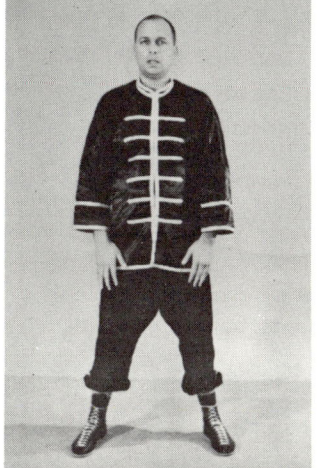 370

369. SCHLUSS. Die Hände mit schlaffen Handgelenken bis in Brusthöhe erheben.

370. Die Hände herunternehmen, bis sie locker an den Oberschenkeln hängen.

UNSER TIP

Dynamische Tritte
Grundlagen für den Zweikampf
(0438) Von Ch. Lee, 96 S.,
398 s/w-Fotos, 10 Zeichn., kart.,
DM 12,90, S 99,–, SFr 12,90

Ninja 2
Die Wege zum Shoshin
(0763) Von S. K. Hayes, übers. von
J. Schmit, 160 S., 309 s/w-Fotos,
2 Zeichn., kart.,
DM 19,80, S 159,–, SFr 19,80

Ninja 4
Das Vermächtnis der Schattenkämpfer
(0807) Von S. K. Hayes, übers. von
J. Schmit, 196 S., 466 s/w-Fotos, kart.,
DM 16,80, S 139,–, SFr 16,90

Taekwondo perfekt 1
Die Formenschule bis zum Blaugurt
(0890) Von K. Gil, K. Chul-Hwan,
176 S., 439 s/w-Fotos, 107 Zeichn.,
kart.,
DM 19,90, S 159,–, SFr 19,90

Fußwürfe
für Judo, Karate und
Selbstverteidigung
(0439) Von H. Nishioka, übersetzt
von H.-J. Hesse, 96 S., 260 Abb.,
kart.
DM 12,80, S 99,–, SFr 12,90

Taekwondo perfekt 3
Die Formenschule vom 2. bis zum
4. Meistergrad
(1068) Von K. Gil, K. Chul-Hwan,
200 S., 429 s/w-Fotos, kart.,
DM 24,80, S 198,–, SFr 24,80

Der Spezialist für nützliche Bücher.

Falls durch besondere Umstände Preisänderungen notwendig werden, erfolgt Auftragserledigung zu dem bei der Lieferung gültigen Preis.

UNSER TIP

Neue Lehrmethoden der Judo-Praxis
(0424) Von P. Herrmann,
223 S., 475 Abb., kart.,
DM 19,90, S 159,–, SFr 19,90

Judo perfekt 2
(1461) Von K. Fuchs,
112 S., 184 s/w-Fotos, kart.,
DM 19,90, öS 159,–, SFr 19,90

Judo perfekt 1
(1249) Von K. Fuchs,
124 S., 204 s/w-Fotos, kart.,
DM 16,90, öS 139,–, SFr 16,90

Ju-Jutsu 1
Grundtechniken ·
Moderne Selbstverteidigung
(0276) Von W. Heim, F. J. Gresch,
164 S., 450 s/w-Fotos, 8 Zeichn., kart.,
DM 14,90, S 119,–, SFr 14,90

Ju-Jutsu 2
Für Fortgeschrittene und Meister
(0378) Von W. Heim, F. J. Gresch,
160 S., 798 s/w-Fotos, kart.,
DM 19,90, S 159,–, SFr 19,90

Ju-Jutsu 3
Spezial-, Gegen- und Weiterführungs-Techniken · Stockkampfkunst
(0485) Von W. Heim, F. J. Gresch,
200 S., über 600 s/w-Fotos, kart.,
DM 19,90, S 159,–, SFr 19,90

Der Spezialist für nützliche Bücher.

Falls durch besondere Umstände Preisänderungen notwendig werden, erfolgt Auftragserledigung zu dem bei der Lieferung gültigen Preis.

UNSER TIP

Nakayamas Karate perfekt 1
Einführung
(0487) Von M. Nakayama, 136 S.,
605 s/w-Fotos, kart.,
DM 19.80, S 159.–, SFr 19.80

Karate Kata 1
Heian 1-5, Tekki 1, Bassai-Dai
(0683) Von W.-D. Wichmann, 164 S.,
703 s/w-Fotos, kart.,
DM 19.80, S 159.–, SFr 19.80

BO-Karate
HANBO-JITSU
Die Techniken des Stockkampfes
(0447) Von G. Stiebler, 176 S.,
424 s/w-Fotos, 38 Zeichn., kart.,
DM 16.80, S 139.–, SFr 16.80

Karate für alle
Karate – Selbstverteidigung
in Bildern
(0314) Von A. Pflügler, 104 S.,
323 s/w-Fotos, kart.,
DM 14.80, S 119.–, SFr 14.80

Hap-Ki-Do
Koreanische Selbstverteidigung nach
dem Lehrsystem des Großmeisters
(0379) Von Kim Sou Bong,
152 S., 153 Abb., kart.,
DM 19.80, S 159.–, SFr 19.80

Aikido
Lehren und Techniken des
harmonischen Weges
(0537) Von R. Brand, 280 S.,
697 Abb., kart.,
DM 19.80, S 159.–, SFr 19.80

Der Spezialist für nützliche Bücher.

Falls durch besondere Umstände Preisänderungen notwendig werden, erfolgt Auftragserledigung zu dem bei der Lieferung gültigen Preis.

NÜTZLICHE RATGEBER
EINE AUSWAHL
Stand: Frühjahr 1994

Hobby und Freizeit

Falken-Handbuch
Zeichnen und Malen
(**4167**-5) Von B. Bagnall, 336 S., 1154 Farbzeichnungen, Pappband. ●●●●●

Kreativ Zeichnen
(**4688**-X) Von B. Bagnall, 176 S., zahlr. Farbabb., Pappband. ●●●●

Punkt, Punkt, Komma, Strich
Zeichnen leicht gemacht
(**4721**-5) Von H. Witzig, 144 S., 512 s/w-Zeichnungen, Pappband. ●●

Punkt, Punkt, Komma, Strich
Zeichenstunde für Kinder
(**0564**-4) Von H. Witzig, 144 S., über 250 Zeichnungen, kart. ●

Einmal grad und einmal krumm
Zeichenstunde für Kinder
(**0599**-7) Von H. Witzig, 144 S., 363 Abb., kartoniert. ●

Figürliches Zeichnen
leicht gemacht
(**1010**-9) Von H. Witzig, 112 S., 462 Figuren, kartoniert. ●

Airbrush
Kreatives Gestalten mit dem Luftpinsel
(**1133**-4) Von C. M. Mette, 80 S., 145 Farbfotos, 40 Farbzeichnungen, kartoniert. ●●

Kalligraphie
Die Kunst des schönen Schreibens
(**4263**-9) Von C. Hartmann, 120 S., 44 Farbvorlagen, 29 s/w-Vorlagen, 2 s/w-Zeichnungen, 38 Farbfotos, Pappband. ●●●●

Gestalten mit Schrift
Kalligraphie
(**1044**-3) Von I. Schade, 80 S., 2 Farb- und 1 s/w-Foto, 143 Farbzeichnungen, kart. ●●

Hobby Aquarellmalen
Landschaft und Stilleben
(**0876**-7) Von I. Schade, A. Brück, 80 S., 111 Farbabb., kart. ●

Technik · Gestaltung · Ausdruck
Aquarellmalerei
Von der Realität zum Bild
(**4529**-8) Von Prof. W. Wrisch, 136 Seiten, 172 farb. Abbildungen, 5 s/w-Abbildungen, 46 Zeichnungen, Pappband. ●●●●

Hobby Ölmalerei
Landschaft und Stilleben
(**0875**-9) Von H. Kämper, I. Becker, 80 S., 93 Farbabb., kart. ●

FALKEN
Lexikon der Seidenmalerei
Mit großer Farbmischtabelle
(**4737**-1) Von K. Huber, 208 S., 192 Farbfotos, Pappband. ●●●●

Seidenmalerei in Vollendung
(**4414**-3) Hrsg. von R. Smend, 160 S., 227 Farbfotos, 36 s/w-Fotos, geprägter Leineneinband mit Schutzumschlag, im Schuber. ●●●●●

Seidenmalerei
Westen · Blusen · Hosen
(**1455**-4) Von C. Köhl, ca. 64 Seiten, durchgehend vierfarbig, zahlreiche Abbildungen, mit Vorlagebogen, kartoniert. ●●

Seidenmalerei und Modedesign
Modelle · Techniken · Schnittmuster
(**4476**-3) Von B. Hansen, 176 S., 140 Farbf.93 Farb-, 68 s/w-Zeichn., Pappband. ●●●●

Seidenmalerei Exklusive Tücher
(**1303**-5) Von E. Schwinge, 80 S., 79 Farbfotos, 6 Zeichnungen, kart. ●●

Kreative Seidenmalerei
Motive · Muster · Farbenspiel
(**4720**-7) Von M. Neubacher-Fesser, ca. 136 S., zahlr. Farbabb., Pappband. ●●●●

Seidenmalerei
Muster über Muster
20 Künstlerinnen präsentieren 120 Ideen
(**4744**-4) 128 S., 188 Farbabbildungen, Pappband. ●●●●

Seidenmalerei
Die wichtigsten Techniken Schritt für Schritt
(**1357**-4) Von B. Hansen, 64 S., 97 Farbfotos, kartoniert. ●●

Seidenmalerei als Kunst und Hobby
(**4264**-7) Von S. Hahn, 136 S., 256 Farbfotos, 1 s/w-Foto, Pappband. ●●●●

Neue zauberhafte Seidenmalerei
Motive und Anregungen aus der Natur
(**0924**-0) Von R. Henge, 80 S., 148 Farbfotos, 27 s/w-Zeichnungen, kart. ●●

Krawatten, Tücher und Fliegen individuell gestalten
Seidenmalerei
(**1242**-X) Von A. Reichmann, 64 S., durchgehend vierfarbig, kart. ●●

Aquarellieren auf Seide
Materialien · Techniken · Motive
(**0917**-8) Von I. Demharter, 32 S., 41 Farbfotos, Pappband. ●

Airbrush auf Seide
(**1342**-6) Von I. Demharter, 64 S., zahlreiche Farbabbildungen, kart. ●●

Airbrush Seidenmalerei
Mit Vorlagen für Schablonen
(**1356**-6) Von C. M. Mette, 80 S., 129 Farbf., kartoniert. ●●●

Seidenmalerei Bäume und Blätter
(**5249**-9) Von D. Kosik, 32 S., 5 Farbfotos, 23 Farb- u. 13 s/w-Zeichnungen, kart. ●

Seidenmalerei Landschaften
(**5153**-0) Von D. Kosik, 32 S., 50 Farbfotos, 12 Zeichnungen, mit Vorlagebogen in Originalgröße, kart. ●

Seidenmalerei Kissen
(**5151**-4) Von I. Demharter, 32 S., 42 Farbfotos, 2 Zeichnungen, mit Vorlagebogen in Originalgröße, kart. ●

Seidenmalerei Blusen und T-Shirts
(**5184**-0) Von A. Keller, 32 S., 28 Farbfotos, 12 Zeichnungen, mit Vorlagebogen in Originalgröße, kartoniert. ●

Seidenmalerei Tücher und Schals
(**5152**-2) Von R. Henge, 32 S., 36 Farbfotos, 1 Zeichnung, mit Vorlagebogen in Originalgröße, kart. ●

Seidenmalerei Tiermotive
(**5204**-9) Von A. Keller, 32 S., 37 Farbfotos, mit Vorlagebogen in Originalgröße, kart. ●

Serti Designo
Seidenmalerei mit Kreidestiften
(**5208**-1) Von S. Tichy-Gibley, 32 S., 46 Farbfotos, mit Vorlagebogen in Originalgröße, kart. ●

Seidenmalerei Lampenschirme
(**5154**-9) Von I. Walter-Ammon, 32 S., 47 Farbfotos, 1 Zeichnung, mit Vorlagebogen in Originalgröße, kart. ●

Seidenmalerei Blüten, Blätter, Ranken
(**5165**-4) Von D. Kosik, 32 S., 35 Farbfotos, 4 Zeichnungen, mit Vorlagebogen in Originalgröße, kart. ●

Seidenmalerei Schmuckkarten und Miniaturbilder
(**5166**-2) Von I. Walter-Ammon, 32 S., 37 Farbfotos, 2 Zeichnungen, mit Vorlagebogen in Originalgröße, kart. ●

Akzente mit Perlen, Pailetten und Straß
Seidenmalerei
(**5248**-0) Von A. Keller, 32 S., ca. 50 Farbf., mit Vorlagebogen in Originalgröße, kart. ●

Seidenmalerei Bilder in Konturentechnik
(**5182**-4) Von I. Demharter, 32 S., 28 Farbfotos, 2 Zeichnungen, mit Vorlagebogen in Originalgröße, kart. ●

Seidenmalerei Applikationen
(**5224**-3) Von J. Bressau, 32 S., 50 Farbfotos, mit Vorlagebogen in Originalgröße, kart. ●

Apartes aus bemalter Seide
(**5274**-X) Von E. Möller, 48 Seiten, durchgehend vierfarbig, kartoniert. ●

Malen auf Seide
kinderleicht
(**5218**-9) Von R. Henge, 32 S., 11 Farbfotos, 44 Farbzeichn., Vorlagebogen, kartoniert. ●

Moderne Stoffmalerei
(**1358**-2) Von H. Sander, 64 S., 73 Farbf., 50 s/w-Zeichn., kart. ●●

Perfekt Stricken
Mit Sonderteil Häkeln.
(**4250**-7) Von H. Jaacks, 256 S., 703 Farbfotos, 169 Farb- und 121 s/w-Zeichnungen, Pappband. ●●●●

Das moderne Standardwerk
Nähen
(**4709**-6) Von S. von Rudzinski, 176 S., vierfarbig, Pappband. ●●●●

Stoffpuppen
nach alten Vorbildern
(**5281**-2) Von A. Meinesz, 48 S., durchgehend vierfarbig, mit Vorlagebogen, kart. ●

Heißgeliebte Teddys
Selbermachen · Sammeln · Restaurieren
(**0900**-3) Von H. Nadolny und Y. Thalheim, 80 Seiten, 118 Farbfotos, kartoniert. ●●●

Die hier vorgestellten Bücher, Videokassetten und Software sind in folgende Preisgruppen unterteilt:

● Preisgruppe bis DM 10,–/S 79,–/SFr 11,– ●●● Preisgruppe über DM 20,– bis DM 30,– ●●●● Preisgruppe über DM 30,– bis DM 50,–
●● Preisgruppe über DM 10,– bis DM 20,–   S 161,– bis S 240,–   S 241,– bis S 400,–
   S 80,– bis S 160,–   SFr 21,– bis SFr 30,–   SFr 30,– bis SFr 50,–
   SFr 10,– bis SFr 21,–   ●●●●● Preisgruppe über DM 50,–/S 401,–/SFr 50,–   *(unverbindliche Preisempfehlung)

Die Preise entsprechen dem Status beim Druck dieses Verzeichnisses (s. Seite 1) – Änderungen, im besonderen der Preise, vorbehalten –

Falken-Verlag GmbH · Postfach 1120      D-65521 Niedernhausen/Ts. · Tel.: 0 61 27 / 70 20

Marionetten
selbst bauen und führen
(**1043**-5) Von D. Köhnen, 80 S., 150 Farbfotos, mit Schnittmusterbogen, kartoniert. ●●

Hampelmänner
Basteln mit Kindern ab 5 Jahren
(**5240**-5) Von F. Michalski, 32 S., ca. 50 Farbabb., mit Vorlagebg. in Originalgröße, kart. ●

Künstlerpuppen
im 20. Jahrhundert
(**4719**-3) Hrsg. R. Höckh, 160 S., 192 Farbfotos, 26 s/w-Fotos, Pappband. ●●●●●

Charakterpuppen
aus Cernit und Porzellan selbst gestalten
(**1156**-3) Von S. Becker, 64 S., 143 Farbfotos, 30 Zeichnungen, 13 Vignetten, mit Schnittmusterbogen, kartoniert. ●●

Puppen zum Liebhaben
(**5199**-9) Von B. Wehrle, 32 S., 27 Farbfotos, 9 s/w-Zeichnungen, mit Vorlagebogen in Originalgröße, kartoniert. ●

Basteln mit Kindern
Moosgummi
(**5271**-5) Von A. und R. Schurr, 48 S., durchgehend vierfarbig, mit Vorlagebogen, kart. ●

Neue zauberhafte Salzteig-Ideen
(**0719**-1) Von I. Kiskalt, 80 S., 324 Farbfotos, 12 Zeichnungen, Schablonen, kart. ●●

Salzteig kinderleicht
(**0973**-9) Von I. Kiskalt, 80 S., 224 Farbfotos, 8 Zeichnungen, kartoniert. ●●

Hobby Salzteig
(**0662**-4) Von I. Kiskalt, 80 S., 150 Farbfotos, 5 Zeichnungen und Schablonen, kart. ●●

Kreatives gestalten mit Ton
Töpfern ohne Scheibe – Aufbaukeramik
(**0896**-1) Von A. Riedinger, 80 S., 207 Farbfotos, 16 Zeichnungen, 7 Vignetten, kart. ●●

Kreatives Gestalten mit Ton
Töpfern auf der Scheibe
(**0971**-2) Von A. Riedinger, 80 S., 28 Farb- und 3 s/w-Zeichnungen, 178 Farbf., kart. ●●

Kneten und Modellieren
kinderleicht
(**5217**-0) Von V. Ettelt, 32 S., 12 Farbtafeln, 72 Farbzeichnungen, Vorlagebogen, kart. ●

Hobby Glaskunst in Tiffany-Technik
(**0781**-7) Von N. Köppel, 80 S., 194 Farbfotos, 6 s/w-Abbildungen, kartoniert. ●●

Tiffany-Technik
und andere kunstvolle Arbeiten in Glas
(**0972**-0) Von D. Köhnen, 80 S., 176 Farbfotos, 5 s/w-Fotos, kartoniert. ●●

Ikebana
Grundstile und Variationen
(**4749**-5) Von E. Schwalm, 112 Seiten, ca. 165 Farbfotos, 43 Grafiken, 2 Tabellen, gebunden. ●●●●

Dekorieren und Gestalten mit Naturmaterialien
rund ums Jahr
(**4748**-7) Von E. Dommershausen u.a., 128 S., ca. 200 Farbf. und -zeichnungen, geb. ●●●

Masken
phantasievoll dekorieren
(**5155**-7) Von Chr. Familler, 32 S., 48 Farbf., mit Vorlagebg. in Originalgröße, kart. ●

Laubsägearbeiten für das Kinderzimmer
(**5245**-6) Von H.-P. Krafft, 32 S., ca. 50 Farbf., mit Vorlagebg. in Originalgröße, kart. ●

Schwingtiere aus Holz gestalten
(**5222**-7) Von der Arbeitsgem. Werken, 32 S., 50 Farbfotos, mit Vorlagebogen in Originalgröße, kartoniert. ●

FALKEN Video
Drachen
bauen und fliegen
(**6141**-2) VHS, ca. 45 Min., in Farbe, mit Broschüre. ●●●●*

Drachen
bauen und steigen lassen.
(**0767**-1) Von W. Schimmelpfennig, 80 Seiten, 1 dreiseitige Ausklapptafel, 55 Farbfotos, 139 Zeichnungen, kart. ●●●

Lenkdrachen
bauen und fliegen
(**1011**-7) Von W. Schimmelpfennig, 64 Seiten, 51 Farbf. und 126 Zeichnungen, kart. ●●

Neue Lenkdrachen und Einleiner
bauen und fliegen
(**1353**-1) Von W. Schimmelpfennig, 80 Seiten, 54 Farbf., 95 Farbzeichn., kart. ●●●

Drachen
Einfache Modelle für Kinder
(**5156**-5) Von W. Schimmelpfennig, 32 Seiten, 11 Farbfotos, 31 Zeichnungen, mit Vorlagebogen, kartoniert. ●

Basteln mit Kleinkindern
ab 3 Jahren
(**4747**-9) Von W. Kottke und I. Hübers-Kemink, 128 Seiten, über 200 Farbabbildungen, mit Vorlagebogen, gebunden. ●●●

Das goldene Bastelbuch für Kinder
(**4769**-X) Von U. Barff (Hrsg.), 336 Seiten, durchg. vierf., mit 2 Vorlagebogen, geb. ●●●

Basteln mit Kindern
Dinos & Drachen
(**5279**-0) Von G. Reinscheid, 48 Seiten, durchgehend vierfarbig, mit Vorlagebogen, kart. ●

Basteln mit Kindern
Fensterbilder Ritter und Burgen
(**5284**-7) Von D. Köhnen, 48 Seiten, durchgehend vierfarbig, mit Vorlagebogen, kart. ●

Das große farbige Bastelbuch für Kinder
(**4254**-X) Von U. Barff, I. Burkhardt, J. Maier, 224 S., 157 Farb-, 430 Farb- und 60 s/w-Zeichn., m. Schnittmusterbg., Pappband. ●●●

Origami
Tiere aus aller Welt
(**5250**-2) Von J. Maier, 32 Seiten, 19 Farbfotos, 68 Farb- u. 16 s/w-Zeichnungen, kartoniert. ●

Hobby Origami
Papierfalten für groß und klein
(**0756**-6) Von Z. Aytüre-Scheele, 80 Seiten, 820 Farbfotos, kartoniert. ●●

Neue zauberhafte Origami-Ideen
Papierfalten für groß und klein
(**0805**-8) Von Z. Aytüre-Scheele, 80 Seiten, 720 Farbfotos, kartoniert. ●●

Zauberwelt Origami
Tierfiguren aus Papier
(**1045**-1) Von Z. Aytüre-Scheele, 80 Seiten, 660 Farbfotos, kartoniert. ●●

Kreatives Gestalten mit Papiermaché
(**5246**-4) Von B. Jetzek-Berkenhaus, 32 S., ca. 50 Farbfotos, mit Vorlagebogen in Originalgröße, kartoniert. ●

Marmorieren
Muster · Techniken · Gestaltungsideen
(**5247**-2) Von T. Hartel, 32 S., ca. 50 Farbfotos, mit Vorlagebogen in Originalgröße, kartoniert. ●

Heut basteln wir mit Pappe und Papier
(**4413**-5) Von U. Barff, J. Maier, 224 Seiten, 117 Farbfotos, 480 Farbzeichn., 25 s/w-Abb., mit Schnittmusterbogen, Pappband. ●●●

Das große farbige Bastel- und Werkbuch
(**4439**-9) Von D. Rex, 256 S., 999 Farbfotos, 33 Farbzeichnungen, Pappband. ●●●●

Mein liebstes Spiel- und Bastelbuch
Die Welt der Dinosaurier
Tiere und Landschaften zum Selbermachen Ausbrechen, aufstellen, spielen
(**4478**-X) Von B. Burkart, 8 Blatt mit herauslösbaren Motiven, 280-g-Karton mit Stanzung, 8 S. Bastelanl. und Sachinformation. ●●

Das große farbige
Dinosaurierbastelbuch
(**4686**-3) Von S. Koter, 128 S., 87 Farbfotos, 71 Farbzeichn., Vorlagebogen, Pappbd. ●●●

Fensterbilder in Scherenschnitt
(**5169**-7) Von A. Hahn, 32 Seiten, 52 Farbfotos, 3 s/w-Fotos, mit Vorlagebogen in Originalgröße, kartoniert. ●

Fensterbilder
Meine Lieblingstiere
(**5197**-2) Von Y. Thalheim, H. Nadolny, 32 Seiten, 38 Farbfotos, mit Vorlagebogen in Originalgröße, kartoniert. ●

Fensterbilder Enten und Gänse
(**5278**-2) Von D. Köhnen, 48 Seiten, durchgehend vierfarbig, mit Vorlagebogen, kart. ●

Fensterbilder Lustige Tiere
(**5210**-3) Von F. Michalski, 32 S., 47 Farbfotos, mit Vorlagebogen in Originalgröße, kart. ●

Fensterbilder Bauernhof
(**5264**-2) Von D. Köhnen, 48 Seiten, 44 Farbfotos, Vorlagebogen, kartoniert. ●

Fensterbilder Dinosaurier
(**5260**-X) Von C. Hüfner, 32 S., 8 Farbfotos, 47 Farbzeichnungen, Bastelbogen, kart. ●

Basteln mit Kindern
Fensterbilder Ritter und Burgen
(**5284**-7) Von D. Köhnen, 48 Seiten, durchgehend vierfarbig, mit Vorlagebogen, kart. ●

Mit Farben und Papieren
Fenster dekorieren
(**5255**-3) Von K. Groß, 32 Seiten, 8 Farbfotos, 59 Farbzeichnungen, kartoniert. ●

Basteln mit Kindern
Große Fensterbilder
(**5276**-6) Von D. Köhnen, 48 Seiten, durchgehend vierfarbig, mit Vorlagebogen, kart. ●

Originelle Fensterbilder
aus Tonpapier und Tonkarton
(**1305**-1) Von D. Köhnen, 64 Seiten, 70 Farbfotos, kartoniert. ●●

Die schönsten Fensterbilder
(**1066**-4) Von C. Kimmerle, 64 S., 100 Farbfotos, 7 Zeichnungen, kartoniert. ●●

Das Fensterbilder-Alphabet
Basteln mit Kindern ab 5 Jahren
(**5242**-1) Von E. Bohne, 32 S., ca. 50 Farbabb., mit Vorlagebogen in Originalgröße, kart. ●

Märchenhafte Fensterbilder
(**5185**-9) Von J. Maier, 32 S., 37 Farbfotos, mit Vorlagebogen in Originalgröße, kart. ●

Fensterbilder Blumen und Tiere
(**5186**-7) Von M. Twachtmann, 32 Seiten, 41 Farbfotos, 3 Zeichnungen, mit Vorlagebogen in Originalgröße, kartoniert. ●

Fensterbilder rund um die Welt
(**1411**-2) Von D. Köhnen, 64 Seiten, Vorlagebogen, 66 Farbfotos, kartoniert. ●●

Fensterbilder Zahlen
(**5268**-5) Von E. Bohne, 32 S., zahlr. Farbabbildungen, Vorlagebogen, kartoniert. ●

Fensterbilder Strand und Meer
(**5266**-9) Von B. Alex, 32 S., 57 Farbfotos, Vorlagebogen, kartoniert. ●

Fensterschmuck
Originelle Ideen für Dekorationen und Fensterbilder
(**1241**-1) Von D. Köhnen, 64 S., ca. 70 Farbfotos, 20 Farbzeichnungen, kartoniert. ●●

Klassisches Origami
Asiatische Faltkunst für Fortgeschrittene
(**1454**-6) Von P. D. Tuyen, ca. 80 Seiten, ca. 600 farbige Abbildungen, kartoniert. ●●

Sticker
Bastelspaß mit bunten Bildern
(**5270**-7) Von D. Dieterle und J. Reick, 48 S., 73 Farbfotos, Vorlagebogen, kartoniert. ●

Papierflieger
(**5157**-3) Von T. Gött, 32 S., 73 Farbf., 19 Zeichn., mit Vorlagebogen in Originalgröße, kart. ●

Windspielzeug
Bastelspaß mit Kindern ab 5 Jahren
(**5241**-3) Von D. Köhnen, 32 S., ca. 50 Farbabb., mit Vorlagebg. in Originalgröße, kart. ●

Flieger und Schiffe aus Papier
falten, ausbalancieren und steuern
(1410-4) Von C. Hüfner, ca. 80 Seiten, zahlr.
Farbabbildungen, kartoniert. ●●

Faltschnitte
(5257-X) Von B. Blankenburg, 32 S., 12 Farbf.,
42 Farbzeichn., Vorlagebogen, kartoniert. ●

Laternen und Lampions
(5206-5) Von C. Hüfner, 32 S., 60 Farbfotos,
mit Vorlagebogen in Originalgröße, kart. ●

Mobiles aus Papier
(5183-2) Von J. Maier, 32 S., 17 Farbfotos,
35 Farbzeichnungen, mit Vorlagebogen in
Originalgröße, kartoniert. ●

Tiermobiles
(5258-8) Von C. Hüfner, 32 Seiten, 57 Farbzeichnungen, Vorlagebogen, kartoniert. ●

Sonne, Mond und Sterne
Motive und Geschenkideen
(5282-0) Von D. Köhnen, 48 Seiten, durchgehend vierfarbig, mit Vorlagebogen, kart. ●

Bastelideen für Indianerspiele
(5252-9) Von B. Nelich, D. Velte, 32 Seiten,
38 Farbfotos, Vorlagebogen, kartoniert. ●

Der große Verkleidungsspaß Kinderkostüme
(1304-3) Von C. Baumgarten, 53 Farbfotos,
183 Farbzeichn., Vorlagebogen, kart. ●●

Lustige Geschenk- und Schultüten
(5263-4) Von F. Michalski, 32 Seiten,
26 Farbfotos, Vorlagebogen, kartoniert. ●

Deco Art
Die Kunst, Geschenke zu verpacken
(0949-6) Von B. Niermann, 80 S., 78 Farbfotos, 191 Zeichnungen, kartoniert. ●●

Geschenke wunderschön verpacken
(1113-X) Von P. Jansen, 80 S., 79 Farbfotos,
166 Farbzeichnungen, kartoniert. ●

Geschenke umweltfreundlich verpacken
(1240-3) Von P. Jansen, 64 S., vierfarbige
Fotos und Illustrationen, kartoniert. ●●

Geldgeschenke
phantasievoll gestalten
(5251-0) Von P. Jansen, 32 Seiten, 49 Farbfotos, Vorlagebogen, kartoniert. ●

Geldgeschenke · Gutscheine · Geschenkanhänger
originell gestalten und verpacken
(1115-6) Von S. Haenitsch-Weiß, A. Weiß,
80 Seiten, 176 Farbfotos, kartoniert. ●●

Geschenke verpacken für Kinderfeste
(5195-6) Von C. Netolizky, 32 S., 43 Farbfotos,
mit Vorlagebogen in Originalgröße, kart. ●

Originelles Ambiente für Gäste
Festdekorationen
(1049-4) Von B. Niermann, 80 S., 125 Farbfotos, 59 Farbzeichn., kartoniert. ●●

Origineller Bastelspaß rund ums Herz
Motive und Geschenkideen
(5272-3) Von D. Köhnen, 48 Seiten, durchgehend vierfarbig, mit Vorlagebogen, kart. ●

Dekorative Schleifen
aus Bändern und Papier
(5205-7) Von M. Schorege, 32 S., 28 Farbfotos, 31 Farbzeichnungen, mit Vorlagebogen
in Originalgröße, kartoniert. ●

Dekorieren und Arrangieren mit
Seidenblumen
(5200-6) Von M. L. Sprang, 32 S., 37 Farbfotos,
14 Farbzeichnungen, mit Vorlagebogen
in Originalgröße, kartoniert. ●

Schmuck- und Glückwunschkarten
Papierarchitektur · Collagen · Faltschnittkarten
(1114-8) Von C. Sanladerer, 64 S., 55 Farbfotos, 81 Zeichnungen, kartoniert. ●●

Einladungs-, Tisch- und Menükarten
selbst gestalten
(1302-7) Von S. Haenitsch-Weiß, 80 Seiten,
zahlreiche Farbabbildungen, kartoniert. ●●

Basteln mit Kindern
Moosgummi
(5271-5) Von A. und R. Schurr, 48 Seiten,
durchgehend vierfarbig, mit Vorlagebogen,
kartoniert. ●

Originell und Modern
Moosgummi
(1354-X) Von S. Boczkowski-Sigges, 56 Seiten,
92 Farbfotos, kartoniert. ●

Osterschmuck
Neue Ideen für Kränze, Sträuße, Gestecke
(5267-7) Von I. Gleim, ca. 32 Seiten, zahlr.
Farbabbildungen, kartoniert. ●

Basteln mit Kindern für
Ostern
(5283-9) Von V. Ettelt u.a., 48 Seiten, 12 Farbf.,
83 Farbzeichnungen, Vorlagebg., kart. ●

Ostereier originell dekorieren
(5219-7) Von W. Velte, 32 S., 44 Farbfotos,
mit Vorlagebogen in Originalgröße, kart. ●

Fensterbilder für die Osterzeit
(5244-8) Von R. Lübke, D. Lübke, 32 S., ca.
50 Farbf., mit Vorlagebg. in Originalg., kart. ●

Basteln für Ostern
(5164-6) Von Chr. Adjano, 32 S., 47 Farbfotos,
mit Vorlagebogen in Originalgröße, kart. ●

Ostereier
Basteln mit Kindern ab 5 Jahren
(5243-X) Von Vera Ettelt, 32 Seiten, mit
Spielebogen, kartoniert. ●

Tischdekorationen für Ostern
(5220-0) Von Chr. Adjano, 32 S., 49 Farbfotos,
mit Vorlagebogen in Originalgröße, kart. ●

Basteln und dekorieren für
Advent und Weihnachten
(4446-1) Von G. Teusen, C. Netolitzky, 176 S.,
285 Farbf., mit Bastelvorlagebg., Pappb. ●●●

Kinderbastelbuch
für Advent und Weihnachten
(4687-1) Von S. Wetzel-Maesmanns, 104 S.,
ca. 120 Farbfotos, ca. 300 Anleitungsillustra-
tionen, Vorlagebogen, Pappb. ●●

Lustige Bastelideen für die
Weihnachtszeit
(5256-1) Von B. Löschenkohl, 32 S., 8 Farbfotos, 69 Farbzeichn., Vorlagebogen, kart. ●

Basteln für Weihnachten
(5162-X) Von Chr. Adjano, 32 S., 44 Farbfotos,
mit Vorlagebogen in Originalgröße, kart. ●

Fensterbilder Winter und Weihnachten
(5275-8) Von F. Michalski, 48 S., 57 Farbfotos,
Vorlagebogen, kartoniert. ●

Fensterdekorationen für die Weihnachtszeit
(5181-6) Von Y. Thalheim, H. Nadolny, 32 S.,
33 Farbfotos, mit Vorlagebogen in Originalgröße, kartoniert. ●

Fensterbilder für Advent und Weihnachten
(5211-1) Von M. Schorege, 32 S., 24 Farbf.,
15 Zeichn., mit Vorlageb. in Originalg., kart. ●

Strohsterne
in bunter Vielfalt
(5273-1) Von M. Schorege, 48 S., 46 Farbfotos,
Vorlagebogen, kartoniert. ●

Duftender Weihnachtsschmuck
aus Tonpapier und Potpourris
(5254-1) Von S. Wetzel-Maesmanns, 32 Seiten,
38 Farbfotos, Vorlagebogen, kartoniert. ●

Duftsträuße und Potpourris
(1239-X) Von A. Effelsberg, 80 Seiten,
ca. 200 vierfg. Abbildungen, kartoniert. ●●

Potpourris
Rezepturen und Geschenkideen
(5265-0) Von U. Altmann, 32 Seiten, 53 Farbfotos, kartoniert. ●

Trockenblumen
Gewürzsträuße, Gestecke, Kränze, Buketts
(0643-8) Von R. Strobel-Schulze, 88 Seiten,
170 Farbfotos, kartoniert. ●●

Phantasievolles Schminken
Verzauberte Gesichter für Maskeraden,
Laienspiele und Kinderfeste
(0907-0) Hrsg.: H. u. Y. Nadolny, 64 Seiten,
227 Farbfotos, kartoniert. ●●

Schminken für Kinder
(5177-8) Von Y. Thalheim, H. Nadolny, 32 S.,
68 Farbfotos, mit Vorlagebogen in Originalgröße, kartoniert. ●

Do it yourself und Technik

Moderne Fotopraxis
(4401-1) Von G. Koshofer, Prof. H. Wedewardt,
224 S., 363 Farbfotos, 106 s/w-Fotos, 5 Farb-
und 24 s/w-Zeichnungen, Pappband. ●●●●

So macht man bessere Fotos
(1158-X) Von G. Koshofer, 144 S., 259 Farbfotos, 25 s/w-Fotos, kartoniert. ●●

So macht man bessere Kinderfotos
(1459-7) Von G. Koshofer, ca. 120 Seiten,
ca. 260 farbige Abbildungen, kartoniert. ●●●

Kodak Photo CD
Bilder archivieren, bearbeiten, präsentieren
(4388-0) Von H. Freund, ca. 176 Seiten,
durchgehend vierfarbig, kartoniert. ●●●

Videografieren
Filmen mit Video 8. Technik – Bildgestaltung
– Schnitt – Vertonung.
(0843-0) Von M. Wild, K. Möller, 120 Seiten,
101 Farbfotos, 22 s/w-Fotos, 52 Zeichnungen,
kartoniert. ●●●

Videografieren perfekt
Profitricks für Aufnahmetechnik und
Nachbearbeitung
(0969-0) Von W. Schild, 120 S., 144 Farbbildungen, 5 s/w-Zeichnungen, kart. ●●●

Besser VIDEOfilmen
Moderne Technik für perfekte Videos
(1458-9) Von W. Schild, ca. 160 Seiten, zahlreiche Farbabbildungen, kartoniert. ●●●

Videofilmen wie ein Profi
Technik · Motive · Filmaufbau ·
Nachbearbeitung
(4506-9) Von T. Pehle, 232 S., 444 Farbfotos,
61 zweifbg. Zeichnungen, Pappband. ●●●●

Do it yourself
Heimwerken
(4117-9) Von T. Pochert, 456 S., 1103 Farbfotos, 100 Farbabb., Pappband. ●●●●

Drechseln
Material · Technik · Beispiele
(1306-X) Von O. Maier, 72 S., 195 Farbabbildungen, 14 s/w-Zeichnungen,
kartoniert. ●●

Do it yourself
Dachgeschoß- und Innenausbau
(1243-8) Von M. Maurer, 96 S., 314 Farbfotos,
35 Zeichn., kartoniert. ●●●

Do it yourself
Sanitärinstallationen
(1118-0) Von W. Kawlath, 96 Seiten, 214 Farbabbildungen, kartoniert. ●●

Do it yourself
Metall bearbeiten
(1119-9) Von O. Maier, 96 S., 230 Farbfotos,
6 s/w-Zeichnungen, kartoniert. ●●

Do it yourself
Elektroarbeiten
(0975-5) Von K. H. Schubert, 120 S., 193 Farbabbildungen, kartoniert. ●●●

Möbel im Designer-Stil
entwerfen und bauen
(1360-4) Von H.-W. Bastian, ca. 64 Seiten,
zahlr. Farbabbildungen, kartoniert. ●●●

Möbel für Kinderzimmer und Wohnbereich
(**1456**-2) Von H.-W. Bastian, 80 Seiten, vierfarbig, kartoniert. ●

Schnitzen
Hölzer · Muster · Werkzeuge
(**1414**-7) Von O. Maier, ca. 64 Seiten, zahlr. Farbabbildungen, kartoniert. ●●

Modellbauelektronik
Fernsteuerungen für Autos, Schiffe, Flugzeuge
(**1361**-2) Von W. Kawlath, 80 Seiten, zahlr. Farbabbildungen, kartoniert. ●●

Alarmanlagen
für Wohnung, Haus, Auto
(**1308**-6) Von H.-W. Bastian, 64 Seiten, 81 Farbfotos, 32 Zeichnungen kartoniert. ●●

Solarstromanlagen
bauen und installieren
(**1457**-0) Von P. Röbke-Doerr, E. Steffens, ca. 80 Seiten, ca. 200 farbige Abbildungen, kartoniert. ●●

Hifi-Boxen
(**1307**-8) Von U. Hilgefort, 96 S., 160 Farbfotos, 49 Zeichnungen, kartoniert. ●●

Technik im Garten
Pumpen · Filter · Beleuchtung
(**1238**-1) Von H.-W. Bastian, 64 S., 90 Farbfotos, 17 Farbzeichnungen, kartoniert. ●●

Restaurieren von Möbeln
Stilkunde, Materialien, Techniken, Arbeitsanleitungen in Bildfolgen.
(**4120**-9) Von E. Schnaus-Lorey, 152 S., 37 Farbf. 75 s/w-Fotos, 352 Zeichn., Pappbd. ●●●●

Elektronik als Hobby
Von der Grundlagenschaltung zum integrierten Schaltkreis
Mit 8 wichtigen Universalplatinen
(**4293**-0) Von W. Priesterath, 264 S., 80 s/w-Fotos, 128 Zeichn., Pappbd. ●●●●

Die Super-Sportwagen der Welt
(**4423**-2) Von H. G. Isenberg, 194 S., 184 Farbfotos, 4 farbige Ausklapptafeln, 32 s/w-Fotos, Pappband. ●●●●

Die Super-Rennwagen der Welt
(**4707**-X) Von H. G. Isenburg, 194 Seiten, 189 Farbf., 31 s/w-Fotos, Pappband. ●●●●

Die Super-Trucks der Welt
(**4257**-4) Von H. G. Isenberg, 194 Seiten, 205 Farbfotos, 87 s/w-Fotos, 7 Farbzeichn., 4 farbige Ausklapptafeln, Pappbd. ●●●●

Die Super-Motorräder der Welt
(**4193**-4) Von H. G. Isenberg, 192 Seiten, 170 Farb- und 100 s/w-Fotos, 8 Zeichnungen, Pappband. ●●●●

Die Super-Eisenbahnen der Welt
(**4287**-6) Von W. Kosak, H. G. Isenberg, 224 S., 269 Farbfotos, 79 s/w-Fotos, 8 Vignetten, 5 farbige Ausklapptafeln, Pappband. ●●●●

Die Super-Dampfloks der Welt
(**4480**-1) Von H. Faust, H. G. Isenberg, 194 seiten, 193 Farbfotos, mit vier Ausklapptafeln, Pappband ●●●●

Plastikmodellbau
Autos, Schiffe, Flugzeuge in vollendeter Technik.
(**1116**-4) Von W. Kawlath, 96 Seiten, 272 Farbabbildungen, kartoniert. ●●

Spiele und Denksport

Spielbare Witze für Kinder
(**0824**-1) Von H. Schmalenbach, 112 Seiten, 30 Zeichnungen, kartoniert. ●

Neue spielbare Witze für Kinder
(**1173**-3) Von H. Schmalenbach, 96 Seiten, 31 Zeichnungen, kartoniert. ●

Scherzfragen, Drudel und Blödeleien
gesammelt von Kindern.
(**0506**-7) Hrsg. von W. Pröve, 80 Seiten, 57 Zeichnungen, kartoniert. ●

Spiele mit Papier und Bleistift
(**2044**-9) Von K.-H. Koch, ca. 96 Seiten, kartoniert. ●

Der Elefant in meiner Hand…
Fingerspiele
für Kinder vom Baby – bis zum Grundschulalter
(**2043**-0) Von G. Falkenberg, 72 Seiten, 146 Farbzeichnungen, kartoniert. ●

Kinderspiele
die Spaß machen
(**2009**-0) Von H. Müller-Stein, 104 Seiten, 28 Abbildungen, kartoniert. ●

Kinderspiele mit Buchstaben und Wörtern
(**1041**-9) Von Dr. U. Vohland, 96 Seiten, 54 Zeichnungen, kartoniert. ●

Spiel und Spaß am Krankenbett
für Kinder und die ganze Familie
(**2035**-X) Von G. Bücken, 96 Seiten, 97 Zeichnungen, kartoniert. ●

Spiele im Freien
(**2038**-4) Von G. Wagner, 88 S., 20 zweifbg.-Zeichnungen, kartoniert. ●

Spiel und Spaß zu Hause
(**2039**-2) Von U. Geißler, 80 S., 90 zweifbg. Abbildungen, kartoniert. ●

Spiel und Spaß auf Reisen
Für Kinder und die ganze Familie
(**1085**-0) Von U. Geißler, 80 S., 107 zweifbg.-Zeichnungen, kartoniert. ●

Kleine Spiele ganz groß
(**1330**-2) Von U. Vohland, 80 Seiten, 93 s/w-Zeichnungen, kart. ●

Entdeckungsspiele für die ganze Familie
Rallyes zu Fuß und mit dem Fahrrad
(**1393**-0) Von U. Vohland, 96 S., 117 Zeichnungen, kartoniert. ●

Kinder spielen Theater
(**4696**-0) Von G. Walter, 160 S., 48 Farbfotos, 229 Farbzeichnungen, Pappband. ●●●

Guten Tag, Kinder!
Neue Texte mit Spielanleitungen fürs Kasperletheater.
(**0861**-9) Von U. Lietz, 96 S., 18 s/w-Zeichnungen, kartoniert. ●

Kasperletheater
Spieltexte und Spielanleitungen · Bastelltipps für Theater und Puppen.
(**0641**-1) Von U. Lietz, 114 Seiten, 4 Farbtafeln, 12 s/w-Fotos, 39 Zeichnungen, kartoniert. ●●

Kindergeburtstage, die keiner vergißt
Planung, Gestaltung, Spielvorschläge.
(**0698**-5) Von G. und G. Zimmermann, 104 S., 80 Vignetten, kartoniert. ●

Kindergeburtstag
Vorbereitung, Spiel und Spaß.
(**0287**-0) Von Dr. I. Obrig, 136 S., 40 Abb., 11 Zeichn., 9 Lieder mit Noten, kart. ●●

Unvergeßliche Kindergeburtstage
(**4705**-3) Von G. Hennekemper, 176 S., 116 Farbfotos, 134 Farbzeichn., Pappband. ●●●

Unvergeßliche Kinderpartys
Tolle Ideen für Einladungen, Dekorationen und Spiele
(**4756**-8) Von V. Mirschel, 112 S., zahlreiche Farbfotos und -zeichnungen, gebunden. ●●●

Unvergeßliche Kinderfeste
Tolle Dekorationen, Spiele, Sketche für drinnen und draußen
(**4457**-7) Von Dr. G. Hennekemper, 192 S., 111 Farbfotos, 24 Farb- und 14 s/w-Zeichnungen, 4 S. Schnittmuster, Pappband. ●●●

Spielen mit den Allerkleinsten
(**4691**-X) Von S. Horak, 128 S., 47 Farbfotos, Pappband. ●●●

Lauter tolle Sachen, die Kinder gerne machen
(**4731**-2) Hrsg. U. Barff., 352 S., 117 Farbfotos, 778 Farbzeichnungen, Pappband. ●●●●

Das große bunte Spielebuch
für Kinder von 2 bis 6 Jahren
(**4543**-3) Von R. Grabbet, 160 S., 312 Farbbildungen, Pappband. ●●●

Mein kunterbuntes Ratebuch
Rätselspiele mit Bildern und Wörtern für Kinder von 7 bis 10 Jahren
(**4697**-9) Von D. und R. Zey, ca. 144 Seiten, durchgehend vierfarbig, gebunden. ●●●

Neues Buch der siebzehn und vier Kartenspiele
(**0095**-2) Von K. Lichtwitz, 96 S., kartoniert. ●

Alles über Pokern
Regeln und Tricks.
(**2024**-4) Von C. D. Grupp, 112 S., 29 Kartenbilder, kartoniert. ●

Rommé und Canasta
in allen Variationen.
(**2025**-2) Von C. D. Grupp, 88 S., 24 Zeichnungen, kartoniert. ●

Doppelkopf, Schafkopf, Binokel, Cego, Tarock und andere Stammtischspiele.
(**2015**-5) Von C. D. Grupp, 112 S., kartoniert. ●

Das Skatspiel
Eine Fibel für Anfänger
(**0206**-8) Von K. Lehnhoff, 96 S., kartoniert. ●

Spielend Skat lernen
unter freundlicher Mitarbeit des Deutschen Skatverbandes
(**2005**-8) Von Th. Krüger, 120 Seiten, 181 s/w-Fotos, 22 Zeichnungen, kart. ●●

Patiencen
in Wort und Bild. (**2003**-1) Von I. Wolter-Rosendorf, 120 Seiten, kartoniert. ●

Neue Patiencen
(**2036**-8) Von H. Sosna, 160 Seiten, 43 Farbtafeln, kartoniert. ●

Spielend Bridge lernen
(**2012**-0) Von J. Weiss, 96 Seiten, 58 Zeichnungen, kartoniert. ●

Spieltechnik im Bridge
(**2004**-X) Von V. Mollo und N. Gardener, dt. Adaption von D. Schröder, 152 S., kart. ●●●

Neue Kartentricks
(**2027**-9) Von K. Pankow, 104 Seiten, 20 Abbildungen, kartoniert. ●

Das japanische Brettspiel Go
(**2020**-1) Von W. Dörholt, 96 S., 182 Diagramme, kart. ●

Spielend Go lernen
(**2041**-4) Von H. Otake, S. Futakuchi, 192 S., 615 s/w-Zeichnungen, kartoniert. ●●

Mah-Jongg
Das chinesische Glücks-, Kombinations- und Gesellschaftsspiel. (**2030**-9) Von U. Eschenbach, 80 S., 30 s/w-Fotos, 5 Zeichn., kart. ●

Backgammon
für Anfänger und Könner. (**2008**-2) Von G. W. Fink und G. Fuchs, 104 S., 41 Abb., kart. ●

Einführung in das Schachspiel
(**0104**-5) Von W. Wollenschläger und K. Colditz, 112 S., 116 Diagramme, kartoniert. ●

Schach, das königliche Spiel
Von den Grundzügen zum strategischen Spiel.
(**1105**-9) Von T. Schuster, 192 S., 302 Diagramme, kart. ●●

Spielend Schach lernen
(**2002**-3) Von T. Schuster, 96 S., , kartoniert. ●

Kinder- und Jugendschach
Offizielles Lehrbuch des Deutschen Schachbundes zur Erringung der Bauern-, Turm- und Königsdiplome.
(**0561**-X) Von B. J. Withuis, H. Pfleger, 144 S., 220 Zeichnungen und Diagramme, kart. ●●

Zug um Zug
Schach für jedermann 1
Offizielles Lehrbuch des Deutschen Schachbundes zur Errringung des Bauerndiploms.
(0648-9) Von H. Pfleger, E. Kurz, 80 Seiten, 24 s/w-Fotos, 8 Zeichnungen, 60 Diagramme, kartoniert. ●●

Zug um Zug
Schach für jedermann 2
Offizielles Lehrbuch des Deutschen Schachbundes zur Errringung des Turmdiploms.
(0659-4) Von H. Pfleger, E. Kurz, 128 Seiten, 7 s/w-Fotos, 13 Zeichnungen, 78 Diagramme, kartoniert. ●●

Zug um Zug
Schach für jedermann 3
Offizielles Lehrbuch des Deutschen Schachbundes zur Errringung des Königsdiploms.
(0728-0) Von H. Pfleger, G. Treppner, 128 S., 4 s/w-Fotos, 84 Diagr., 10 Zeichn., kart. ●●

Schach für Fortgeschrittene
Taktik und Probleme des Schachspiels
(0219-X) Von R. Teschner, 88 Seiten, 85 Diagramme, kartoniert. ●

Neue Schacheröffnungen
(0478-8) Von T. Schuster, 104 Seiten, 100 Diagramme, kartoniert. ●

Würfelspiele
für jung und alt. (2007-4) Von F. Pruss, 112 S., 21 s/w-Zeichnungen, kartoniert. ●

Roulette richtig gespielt
Systemspiele, die Vermögen brachten.
(0121-5) Von M. Jung, 96 S., zahlreiche Tabellen, kartoniert. ●

Spiele für Party und Familie
(2014-7) Von Rudi Carrell, 80 S., 22 Zeichnungen, kartoniert. ●

Neue Spiele für Ihre Party
(2022-8) Von G. Blechner, 120 S., 54 Zeichnungen, kartoniert. ●

Lustige Tanzspiele und Scherztänze
für Partys und Feste.
(0165-7) Von E. Bäulke, 80 S., 53 Abb., kart. ●

Das Spiel mit der Schwerkraft
Jonglieren
Mit Bällen, Keulen, Ringen und Diabolo.
(1009-5) Von S. Peter, 80 S., 149 Farbfotos, kartoniert. ●

Zaubern
einfach – aber verblüffend.
(2018-X) Von D. Bouch, 84 Seiten, 41 Zeichnungen, kartoniert. ●

Tips, Tricks und Gewinnstrategien für Game-Boy-Spiele
(1235-7) Von René Zey, 176 Seiten, 100 Zeichnungen, kartoniert. ●●

Neue Game-Boy-Spiele
Sport, Action und Adventure
(1325-6) Von R. Zey, 176 Seiten, 21 s/w-Zeichnungen, kartoniert. ●●

Alles über Super-Nintendo-Spiele
Technik, Tips und Facts
(1340-X) Von D. Mark, 104 S., zahlreiche Farbabbildungen, kartoniert. ●●

Das 3. Glücksrad Rätselbuch
(1391-6) 160 Seiten, kartoniert. ●●

Rätselspiele
Quiz- und Scherzfragen für gesellige Stunden
(1270-5) Von H. K. Schneider, ca. 80 Seiten, ca. 80 s/w-Abbildungen, kartoniert. ●

Knobeleien und Denksport
(2019-8) Von K. Rechberger, 142 Seiten, 105 Zeichnungen, kartoniert. ●

So feiert man Feste fröhlicher
Heitere Vorträge und Gedichte
(0098-7) Von Dr. Altos, 96 Seiten, 15 Abbildungen, kartoniert. ●

Die große Lachparade
Neue Texte für heitere Vorträge und Ansagen
(0188-6) Von E. Müller, 80 S., kartoniert. ●

Rat und Wissen

Der gute Ton
in Gesellschaft und Beruf.
(0063-4) Von I. Wolter, 80 S., 42 s/w-Fotos, 7 Zeichnungen, kartoniert. ●

Der gute Ton
im Privatleben.
(1111-3) Von I. Wolter, bearbeitet von Wolf Stenzel, 104 S., 42 s/w-Abbildungen, kart. ●

Umgangsformen heute
Die Empfehlungen des Fachausschusses für Umgangsformen.
(4015-6) 252 S., 108 s/w-Fotos, 17 Zeichnungen, Pappband. ●●●

Abc der modernen Umgangsformen
(4754-1) Von I. Wolff, ca. 300 Seiten, zahlreiche Abbildungen, gebunden. ●●●

Benehmen bei Tisch
(0988-7) Von I. Cording, 80 S., 90 Farbfotos, 5 s/w-Zeichnungen, kartoniert. ●●

Krawatten
Fliegen, Schals und Tücher gekonnt binden
(1072-9) Von Y. Thalheim, H. Nadolny, 48 S., 129 Farbfotos, 1 s/w-Foto, Pappband. ●

freundin
Farbberatung
Alle Farben, die Ihnen wirklich stehen
(4520-4) Von Chr. Buscher, 128 Seiten, 175 Farbfotos, Pappband. ●●●●

freundin
Das perfekte Make-up
(4727-4) Von M. Rüdiger, H. Kirchberger, G. Mergenburg, 128 Seiten, 271 Farbfotos, Pappband. ●●●●

freundin
Der große Ratgeber
Body Fitness
Diät · Pflege · Bräune · Gymnastk · Anti-Cellulite-Programm
(4758-V) Von M. Bückmann u.a., ca. 128 S., durchgehend vierfarbig, gebunden. ●●●●

freundin Ratgeber
Hochzeit feiern
(4702-2) Von C. von Hoerner-Nitsch, I. Weber, K. Riebartsch, C. von Bernuth, 128 Seiten, 188 Farbfotos, 28 s/w-Fotos, Pappbd. ●●●●

freundin
Typ & Frisur
(4695-2) Von E. Bolz, 128 S., 219 Farbfotos, Pappband. ●●●●

Gedichte, Reden und Sketche
für grüne, silberne u. goldene Hochzeitstage
(1269-1) Von F. Rieder, 160 S., durchgehend vierfarbig, Pappband. ●●

Von der Verlobung zur Goldenen Hochzeit
(0393-5) Von E. Runge, 112 Seiten, kartoniert. ●

Hochzeitszeitungen
Tolle Ideen für Leute von heute
(1379-5) Von Y. Thalheim, 80 S., 160 zweifbg. Abbildungen, kartoniert. ●●

Die Silberhochzeit
Vorbereitung · Einladung · Geschenkvorschläge · Dekoration · Festablauf · Menüs · Reden · Glückwünsche: (0542-3) Von K. F. Merkle, 112 S., 41 Zeichnungen, kartoniert. ●

Geburtstagsfeiern für jedes Alter
Planung und Festgestaltung
(1382-5) Von S. Ahrndt, 120 S., 145 Farbfotos, 28 Farbzeichnungen, kartoniert. ●●

Geburt und Taufe feiern
Planung und Festgestaltung
(1443-0) Von S. Ahrendt, 120 S., 46 Farbzeichn., kartoniert. ●●

Wie soll es heißen?
(0211-4) Von D. Köhr, 136 S., kartoniert. ●

Unsere beliebtesten Vornamen
(1023-0) Von A. F. W. Weigel, 160 Seiten, 75 s/w-Fotos, Pappband. ●●

Die schönsten Vornamen
(4755-X) Hrsg. Dr. D. Voorgang, ca. 208 Seiten, über 100 Farbzeichnungen, gebunden. ●

Kindergedichte, Lieder und Sketche für Hochzeitsfeiern
(1112-1) Von B. Lins, 72 Seiten, 26 farbige Abbildungen, 15 Lieder, kartoniert. ●

Neue Kindergedichte und Lieder für Hochzeitsfeste
(1431-7) Von A. Schweiggert, 80 S., 27 s/w-Zeichnungen, kartoniert. ●

Kindergedichte rund ums Jahr
(1040-0) Von A. Schweiggert, 80 Seiten, 49 Zeichnungen, 6 Vignetten, kartoniert. ●

Kindergedichte für alle Tage und Feste
Freu dich, daß noch Blumen sprießen...
(1489-9) Von G. Rudolf, 160 S., durchgehend zweifarbig, kartoniert. ●

Ins Gästebuch geschrieben
(0576-8) Von K. H. Trabeck, 96 Seiten, 24 Zeichnungen, kartoniert. ●

Der Verseschmied
Kleiner Leitfaden für Hobbydichter.
(0597-0) Von T. Parisius, 96 Seiten, 28 Zeichnungen, kartoniert. ●

Mach' dir einen Reim
Der moderne Verseschmied
(1433-3) Von G. Rudorf, 192 S., Pappband. ●●

Die schönsten Volkslieder
(0432-X) Hrsg. D. Walther, 128 S., mit Noten und Zeichnungen, kartoniert. ●

Alte und neue
Wanderlieder
(1268-3) Von P. G. Walter, 96 S., zweifarbig, kartoniert. ●●

Neue Glückwunschfibel
für groß und klein.
(0156-8) Von R. Christian-Hildebrandt, 96 S., 13 Vignetten, kartoniert. ●

Großes Buch der Glückwünsche
(0255-6) Hrsg. von O. Fuhrmann, 176 S., 77 Zeichnungen und viele Gestaltungsvorschläge, kartoniert. ●●

Wetter und Wind ändern sich geschwind
Beliebte Bauernregeln
(1267-5) Von G. Haddenbach, ca. 80 Seiten, ca. 30 zweifarbige Illustrationen, kart. ●

Beliebte Verse fürs Poesiealbum
Rosen, Tulpen, Nelken...
(0431-1) Von W. Pröve, 96 Seiten, 11 Faksimile-Abbildungen, kartoniert. ●

Verse fürs Poesiealbum
(0241-6) Von I. Wolter, 120 Seiten, 20 Abbildungen, kartoniert. ●

Heiter und besinnliche
Verse fürs Poesiealbum
(1069-9) Von B. H. Bull, 160 Seiten, 70 zweifarbige Illustrationen, Pappband. ●●

Klassische Verse und Zitate
Für Glückwünsche, Briefe, Reden und Poesiealben
(1223-3) Von P. Motzan, 224 Seiten, 40 Abbildungen, Pappband. ●●

Die Kunst der freien Rede
Ein Intensivkurs mit vielen Übungen, Beispielen und Lösungen.
(4189-6) Von G. Hirsch, 232 Seiten, 11 Zeichnungen, Pappband. ●●●

Trinksprüche, Gästebuchverse, Richtsprüche
(0224-6) Von D. Kellermann, 96 Seiten, kartoniert. ●

Glückwünsche, Toasts und Festreden zu Polterabend und Hochzeit
(0264-5) Von I. Wolter, 112 Seiten, 18 Zeichnungen, kartoniert. ●

Trinksprüche und Festreden
(**1321**-3) Von L. Metzner, 144 S., 13 zweifarbige Zeichnungen, Pappband. ●●

Grußworte
für Gemeindefeiern, Vereinsjubiläen und andere offizielle Anlässe
(**4741**-X) Von M. Adam, 192 S., Pappbd. ●●

Moderne Reden und Ansprachen
(**4742**-8) Von M. Adam, 464 Seiten, Pappband. ●●●●

Reden zu Familienfesten
(**0675**-6) Von G. Georg, 112 S., kartoniert. ●

Reden im Verein
Musteransprachen für viele Gelegenheiten
(**0703**-5) Von G. Georg, 112 S., kartoniert. ●

Reden zum Jubiläum
Musteransprachen für viele Gelegenheiten
(**0595**-4) Von G. Georg, 112 S., kartoniert. ●

Reden und Sprüche zu Grundsteinlegung, Richtfest und Einzug
(**0598**-0) Von A. Bruder, G. Georg, 96 Seiten, kartoniert. ●

Die überzeugende Rede
Mehr Erfolg durch bessere Rhetorik
(**0076**-6) Von K. Wolter, G. Kunz, 96 Seiten, kartoniert. ●

Moderne Korrespondenz
Handbuch für erfolgreiche Briefe
(**4014**-8) Von H. Kirst und W. Manekeller, 544 Seiten, Pappband. ●●●●

Musterbriefe
für alle Gelegenheiten.
(**0231**-9) Hrsg. von O. Fuhrmann, 240 Seiten, kartoniert. ●●

Der moderne Brief
Geschäfts- und Privatkorrespondenz empfängerorientiert schreiben
(**1440**-6) Von Dr. G. Reinert-Schneider, 112 S., 44 s/w-Zeichn., kartoniert. ●●

Geschäftsbriefe
zeitgemäß und stilsicher
(**1323**-X) Von G. Briese-Neumann, 152 S., kartoniert. ●

Geschäftliche Briefe
für Privatleute, Handwerker und Kaufleute
(**0041**-3) Von G. Briese-Neumann, ca. 120 S., kartoniert. ●

Einladungen texten und gestalten
(**1484**-8) Von R. Zey und A. Bellingen, ca. 80 S., kartoniert. ●

Privatbriefe
Muster für alle Gelegenheiten.
(**0114**-2) Von I. Wolter-Rosendorf, 112 S., kart. ●

Erfolgstips für den Schriftverkehr
Briefgestaltung · Rechtschreibung · Zeichensetzung · Stil. (**0678**-0) Von U. Schoenwald, 112 Seiten, kartoniert. ●

Behördenkorrespondenz
Musterbriefe · Anträge · Einsprüche
(**0412**-5) Von E. Ruge, 112 S., kartoniert. ●

Worte und Briefe der Anteilnahme
(**0464**-5) Von E. Ruge, M. Adam, 88 Seiten, mit vielen Abbildungen, kartoniert. ●

Briefe zu Geburt und Taufe
Glückwünsche und Danksagungen. (**0802**-3) Von H. Beitz, 96 S., 12 Zeichnungen, kart. ●

FALKEN Rechtsberater
Fallbeispiele · Musterbriefe · Gerichtsurteile
(**4734**-7) Hrsg. S. von Hasseln, 756 Seiten, Pappband. ●●●●

Alles, was man über Erziehungsgeld, Mutterschutz, Erziehungsurlaub wissen muß
Das neue Recht für Eltern
(**0835**-X) Von K. Möcks, A. Schmitt, 144 S., kartoniert. ●●

Alles, was man über die nichteheliche Lebensgemeinschaft wissen muß
(**1071**-0) Von T. Drewes, 104 Seiten, 8 s/w-Zeichnungen, kartoniert. ●●

Scheidung und Unterhalt
nach dem neuen Eherecht.
(**0403**-6) Von T. Drewes, 112 S., mit Kosten und Unterhaltstabellen, kartoniert. ●●

Alles, was man über Eheverträge wissen muß
(**1483**-X) Von T. Münster, 128 Seiten, kartoniert. ●

Alles, was man über Scheidung und Unterhalt wissen muß
(**1264**-0) Von T. Drewes, 128 Seiten, kartoniert. ●●

Alles, was man über Renten wissen muß
Mit Rentenreformgesetz 1992
(**1265**-9) Von K. Möcks, A. Schmitt, 112 Seiten, kartoniert. ●●

Rasthaus-Ratgeber
Kinder haben keine Bremse
Verkehrserziehung für Kinder ab 3 Jahren
(**1497**-X) Von H.-D. Barth, 80 S, durchgehend vierfarbig, kartoniert. ●●

Rasthaus-Ratgeber
Stop dem Autoklau
Die wirksamsten Methoden gegen Autodiebstahl
(**1485**-6) Von M. Maurer, 64 Seiten, durchgehend vierfarbig, kartoniert. ●●

Rasthaus-Ratgeber
Gebrauchtwagenkauf
Auswahl · Bewertung · Kaufvertrag
(**1498**-8) Von U. Traub, 80 Seiten, durchgehend vierfarbig, kartoniert. ●●

Wolfgang Büsers Erfolgstips
Rentenreform '92
(**1244**-6) Von W. Büser, 80 S., kartoniert. ●

Wolfgang Büsers Erfolgstips
Teilzeitarbeit
(**1266**-7) Von W. Büser, 80 S., kartoniert. ●●

Wolfgang Büsers Erfolgstips
(Lohn-) Einkommensteuer '92
Aktuell: Zinssteuer '93
(**1324**-8) Von W. Büser, 176 S., kartoniert. ●●

Vermögensbildung mit System
Anlageformen · Strategien · Praxistips
(**1445**-7) Von W. Schwanfelder, 160 Seiten, kartoniert. ●●

Alles, was man über BAföG wissen muß
(**1387**-6) Von A. Mengeringhausen, 144 Seiten, kartoniert. ●●

Testament und Erbschaft
Erbfolge, Rechte und Pflichten der Erben, Erbschafts- und Schenkungssteuer, Mustertestamente. (**4139**-X) Von T. Drewes, R. Hollender, 304 Seiten, Pappband. ●●●

Erbrecht und Testament
(**0046**-4) Von H. Wandrey, 124 S., kart. ●

Alles, was man über Testament und Erbschaft wissen muß
(**0939**-9) Von T. Drewes, 136 Seiten, 9 s/w-Zeichnungen, kartoniert. ●●

Mietrecht
Leitfaden für Mieter und Vermieter
(**0479**-9) Von J. Beuthner, 196 S., kart. ●●

Haushaltstips
praktisch und umweltfreundlich
(**1046**-X) Von K. Winkell, 96 Seiten, 36 Zeichnungen, kartoniert. ●●

Texte für den Anrufbeantworter
(**1389**-2) Von G. Kunz, 80 S., 12 s/w-Zeichnungen, kartoniert. ●●

Alles, was man über den Umgang mit Behörden wissen muß
(**1390**-6) Von K. Möcks, A. Schmitt, 132 Seiten, kartoniert. ●●

Wege zum Börsenerfolg
Aktien · Anleihen · Optionen
(**4275**-2) Von H. Krause, 252 S., 4 s/w-Fotos, 86 Zeichnungen, Pappband. ●●●●

Wörter und Unwörter
Sinniges und Unsinniges der deutschen Gegenwartssprache
(**1401**-7) Hrsg. Gesellschaft für deutsche Sprache, 176 Seiten, kartoniert. ●●●

Richtige Groß- und Kleinschreibung
durch neue, vereinfachte Regeln. Erläuterungen der Zweifelsfragen anhand vieler Beispiele.
(**0897**-X) Von Prof. Dr. Ch. Stetter, 96 Seiten, kartoniert. ●

Gutes Deutsch schreiben und sprechen
(**4432**-1) Von W. Manekeller, Dr. G. Reinert-Schneider, 416 S., durchgehend zweifarbig, Pappband. ●●●●

Mehr Erfolg in der Schule
Deutsche Rechtschreibung und Grammatik
Übungen und Beispiele für die Klassen 5–10.
(**4407**-0) Von K. Schreiner, 256 S., durchgehend zweifarbig, Pappband. ●●●

Diktate besser schreiben
Übungen zur Rechtschreibung für die Klassen 4 bis 8
(**0469**-9) Von K. Schreiner, 152 S., 31 Zeichnungen, kartoniert. ●●

Deutsche Grammatik
Ein Lern- und Übungsbuch
(**0704**-3) Von K. Schreiner, 122 S., kart. ●●

Aufsätze besser schreiben
Förderkurs für die Klassen 4–10
(**0429**-X) Von K. Schreiner, 144 Seiten, 31 Abb., kartoniert. ●●

Mehr Erfolg in der Schule
Der Deutschaufsatz
Übungen und Beispiele für die Klassen 5–10.
(**4271**-X) Von K. Schreiner, 240 S., 4 s/w-Fotos, 51 Zeichnungen, Pappband. ●●●●

Mehr Erfolg in der Schule
Deutsch
Textinterpretation, Literaturgeschichte und Stilkunde
(**4483**-X) Von K. Schreiner, 272 S., 43 zweifarbige Zeichnungen, Pappband. ●●●●

Gedächtnistraining mit Eselsbrücken
(**1388**-4) Von W. Ettig, 96 S., 36 s/w-Zeichnungen, kartoniert. ●

Geschichte
Von der Französischen Revolution bis zur Gegenwart
(**4723**-1) Von K. Schreiner, 256 S., 50 s/w-Fotos, 10 Farbzeichnungen, 6 zweifarbige Landkarten, Pappband. ●●●●

Geographie
Natürliche Grundlagen · Gestaltung der Umwelt · Die Staaten der Erde
(**4724**-X) Von V. Disch, 256 S., ca. 40 Karten und Grafiken, Pappband. ●●●●

Mehr Erfolg in der Schule
Mathematik 1
Arithmetik und Algebra. Übungen, Beispiele und Lösungen für die Klassen 5 bis 10.
(**4420**-1) Von R. Müller-Fonfara, 256 Seiten, 193 Zeichn., 2 s/w-Fotos, Pappband. ●●●●

Mehr Erfolg in der Schule
Mathematik 2
Geometrie, Statistik, Wahrscheinlichkeitsrechnung und kaufmännisches Rechnen
(**4456**-9) Von R. Müller-Fonfara, W. Scholl, 256 Seiten, 6 s/w-Fotos, 304 Zeichnungen, Pappband. ●●●●

Mathematische Formeln für Schule und Beruf
Mit Beispielen und Erklärungen.
(**0499**-0) Von R. Müller-Fonfara, 156 Seiten, 210 Zeichnungen, kartoniert. ●●

Schülerlexikon der Mathematik
Formeln, Übungen und Begriffserklärungen für die Klassen 5–10
(**0430**-3) Von R. Müller-Fonfara, 176 Seiten, 96 Zeichnungen, kartoniert. ●●

Mehr Erfolg in der Schule
Mathematik 3
Analysis, analytische Geometrie und lineare Algebra
(4541-7) Von R. Müller-Fonfara, W. Scholl, 240 Seiten, 140 zweifarbige Grafiken, Pappband. ●●●●

Mehr Erfolg in der Schule
Mathematik 4
Für die Klassen 11 bis 13
(4701-0) Von R. Müller-Fonfara, W. Scholl, 240 Seiten, 91 Zeichnungen, 3 s/w-Fotos, Pappband. ●●●●

Mathematik-Textaufgaben leicht gelöst
Aufgaben · Lösungsstrategien · Anwendungsbeispiele
(1022-2) Von R. Müller-Fonfara, 128 Seiten, 4 Zeichnungen, kartoniert. ●●

Rechnen aufgefrischt für Schule und Beruf.
(0100-2) Von H. Rausch, 144 S., kartoniert. ●

Besseres Englisch
Grammatik und Übungen für die Klassen 5 bis 10.
(0745-0) Von E. Henrichs, 144 S., kart. ●●

Mehr Erfolg in der Schule
Englisch
Textinterpretationen
(4518-2) Von E. Heinrichs-Kleinen, 256 S., Pappband. ●●●●

Mehr Erfolg in der Schule
Englische Grammatik
Regeln und Übungen für die Klassen 5 bis 13
(4431-3) Von E. Henrichs-Kleinen, 256 S., durchgehend zweifarbig, Pappband. ●●●●

Besseres Französisch
Grammatik und Übungen für die Klassen 9 bis 11
(1039-7) Von R. Lübke, 114 S., durchgehend zweifarbig, kartoniert. ●●

Mehr Erfolg in der Schule
Französische Grammatik
Für die Klassen 7 bis 13
(4703-7) Von R. Lübke, ca. 256 S., durchgehend zweifarbig, Pappband. ●●●●

Schnell und sicher zum Führerschein
Tips und Tricks aus 30jähriger-Fahrlehrer-Praxis.
(1232-2) Von O. Einert, 152 S., 156 Farbfotos, 161 z.T. farb. Zeichnungen, kartoniert. ●●

Die aktuellen Prüfungsfragen und Prüfungsbogen für den Führerschein Klasse 2
(1490-2) 104 Seiten, 371 Farbfotos, kart. ●

Der Test-Knacker bei Führerscheinverlust
(1262-4) Von T. Rieh, 128 S., kartoniert. ●●

Erfolgreiche Bewerbung um einen Ausbildungsplatz
(0715-9) Von H. Friedrich, 128 S., kartoniert. ●

Bewerbungsstrategien
Erfolgreiche Konzepte für Karrierebewußte
(1027-3) Von Dr. W. Reichel, 128 S., kart. ●●

Karriereplanung mit System
Bewerbungsstrategien für Frauen
(4455-0) Von R. Ibelgaufts, 144 Seiten, 20 Cartoons, Pappband. ●●

Die Bewerbung
Der moderne Ratgeber für Bewerbungsbriefe, Lebenslauf und Vorstellungsgespräche.
(4138-1) Von W. Manekeller, 264 Seiten, Pappband. ●●●

Die erfolgreiche Bewerbung
Bewerbung und Vorstellung
(0173-8) Von W. Manekeller, U. Schoenwald, 144 Seiten, kartoniert. ●●

Lebenslauf und Bewerbung
Beispiele für Inhalt, Form und Aufbau
(0428-1) Von H. Friedrich, 112 S., kartoniert. ●

Bewerbungsbriefe und Stellengesuche
für handwerkliche, gewerblich-technische und kaufmännische Berufe
(0138-X) Von Dr. W. Reichert, 96 S., kart. ●

Das überzeugende
Vorstellungsgespräch
Erfolgreiche Strategien für den ersten Eindruck
(1261-6) Von R. Ibelgaufts, 144 S., kart. ●●

Vorstellungsgespräche
sicher und erfolgreich führen.
(0636-5) Von H. Friedrich, 144 Seiten, kart. ●

Einstellungstests und andere Methoden der Bewerberauswahl
(1263-2) Von Dr. R. Hilke, H. Hustedt, 160 S., 27 Zeichnungen, kartoniert. ●●

Keine Angst vor Einstellungstests
Ein Ratgeber für Bewerber
(0793-6) Von Ch. Titze, 120 Seiten, 67 Zeichnungen, kartoniert. ●

Assessment Center
Erfolgstips und Übungen für Bewerber
(1385-X) Von H. Beitz und A. Loch, ca. 128 S., kartoniert. ●●

Berufsstart für Hochschulabsolventen
Erfolgsstrategien für Bewerbung und Vorstellung
(1482-1) Von Dr. W. Reichel, ca. 144 S., kart. ●●

freundin Ratgeber
Psychoterror am Arbeitsplatz
Mobbing
(1434-1) Von B. Huber, 160 S., kart. ●●

freundin Ratgeber
Frau mit Kind
Leitfaden für Alleinerziehende
(1476-7) Von G. Teusen, ca. 144 S., kart. ●●

freundin
Kind und Beruf:
(K)ein Problem
(1322-1) Von I. Weber, 168 Seiten, 14 Zeichnungen, kartoniert. ●●

freundin Ratgeber
Neu im Job:
So überzeugen Sie
(1259-4) Von G. Teusen, 160 S., kart. ●●

Die ersten Tage am neuen Arbeitsplatz
Ratschläge für den richtigen Umgang mit Kollegen und Vorgesetzten
(0855-4) Von H. Friedrich, 104 Seiten, kart. ●

Zeugnisse im Beruf
richtig schreiben, richtig verstehen
(0544-X) Von H. Friedrich, 112 Seiten, kart. ●●

Arbeitszeugnisse
verstehen und interpretieren
(1444-9) Von A. Nasemann, 136 S., kart. ●●

So lernt man leicht und schnell
Maschinenschreiben
Lehrbuch für Schulen, Lehrgänge und Selbstunterricht. (0568-7) Von M. Kempkes, 112 S., 48 Zeichnungen, kartoniert. ●●

FALKEN-Software
Maschinenschreiben und Tastaturtraining für Computer
(7009-8) Von B. Hoppius, Diskette 5 1/4" u. 3 1/2" für IBM-PC + Kompatibel, mit Begleitheit. ●●●●●

Leicht und schnell gelernt
Maschinenschreiben im Selbstunterricht
(0170-3) Von O. Fonfara, 88 S., kartoniert. ●

Buchführung leicht gemacht
Ein methodischer Grundkurs für den Selbstunterricht (4238-8) Von D. Machenheimer, R. Kersten, 252 Seiten, Pappband. ●●●●

Buchführung leicht gefaßt
Für Handwerker, Gewerbetreibende und freiberuflich Tätige.
(0127-4) Von R. Pohl, 104 S., kartoniert. ●

Stenografie leicht gelernt
im Kurus oder Selbstunterricht
(0266-1) Von H. Kaus, 64 S., kartoniert. ●

Gitarre spielen
Ein Grundkurs für den Selbstunterricht
(0534-0) Von A. Roßmann, 96 S., 1 Schallfolie, 150 Zeichnungen, kartoniert. ●●●

FALKEN & HOHNER: Workshop Musik
Gitarre spielen
Folk, Blues, Pop, Rock auf der akustischen Gitarre
Für Anfänger und Wiedereinsteiger
(1437-6) Von W. Ruß, ca. 80 S., Begleit-CD ca. 60 Min. Spieldauer, zahlreiche Illustrationen und Fotos, kartoniert. ●●●●

FALKEN & HOHNER: Workshop Musik
Keyboard spielen
Pop & Rock
Für Anfänger und Wiedereinsteiger
(1435-X) Von M. Lonardoni, ca. 80 Seiten, Begleit-CD, ca. 60 Min. Spieldauer, zahlreiche Illustrationen und Fotos, kartoniert. ●●●●

FALKEN & HOHNER: Workshop Musik
Singen
In Chor, Singgruppe und solo
Für Anfänger und Wiedereinsteiger
(1436-8) Von W. Layer, ca. 80 S., Begleit-CD ca. 60 Min. Spieldauer, zahlreiche Illustrationen und Fotos, kartoniert. ●●●●

Faszinierendes Erlebnis
Tierwelt
(4706-1) Von U. und W. Dolder, 196 Seiten, 314 Farbzeichnungen, Pappband. ●●●●

Das große Buch der
Antworten auf Kinderfragen
(4477-1) Von H. Hofmann, U. Kopp, G. Jankovics u.a., 192 Seiten, 308 Farbzeichnungen, Pappband. ●●●

FALKEN LEXIKON
Das Wissen unserer Zeit
(4736-3) Hrsg. Lexikographisches Institut, 1008 Seiten, 681 Farbfotos, 1142 Farbzeichn., Pappband. ●●●●

Das neue, farbige
Jugendlexikon
(4472-0) Von J. Frey, D. Rex, 304 Seiten, 269 und 52 s/w-Fotos, 6 Farbzeichnungen, Pappband. ●●●

Das große farbige Kinderlexikon
(4195-0) Von U. Kopp, 320 S., 493 Farbabbildungen, 17 s/w-Fotos, Pappband. ●●●●

Kinder-Überraschung
(1499-6) Von M. Semmel, ca. 80 Seiten, durchgehend vierfarbig, kartoniert. ●●

Briefmarken sammeln
(0481-8) Von D. Stein, 120 S., 4 Farbtafeln, 98 s/w-Abbildungen, kartoniert. ●●

Telefonkartenlexikon für Sammler
(1406-6) Von M. Burzan, ca. 160 Seiten, zahlreiche Farbabbildungen, kartoniert. ●●●

Telefonkarten sammeln
Serien · Preise · Sammeltips
(1326-4) Von M. Burzan, 128 S., 251 Farbfotos, kartoniert. ●●

Die Handschrift als Spiegel des Charakters
Graphologie
(1025-7) Von Dr. W. Busch, 104 S., 87 Schriftproben, kartoniert. ●●

Familienforschung · Ahnentafel · Wappenkunde
Wege zur eigenen Familienchronik
(0744-2) Von P. Bahn, 128 S., 8 Farbtafeln, 30 Abbildungen, kartoniert. ●●

Familienforschung und Wappenkunde
(4485-2) Von P. Bahn, 224 S., 114 zweifarbige Abbildungen, Pappband. ●●●●

freundin Ratgeber
Frauen allein auf Reisen
(1260-8) Von H. Guilino, 192 S., 7 Zeichnungen, kartoniert. ●●

Brain Building
Das Supertraining für Gedächtnis, Logik, Kreativität
(4704-5) Von M. vos Savant, 256 Seiten, Pappband. ●●●

Traumdeutung
Die Bildersprache unserer Traumwelt entschlüsseln
(**4486**-0) Von G. Fink, 384 Seiten, 74 zweifarbige Fotos, Pappband. ●●●●

Kinderträume
Ein Ratgeber für Eltern
(**4505**-0) Von G. Fink, 176 S., 6 s/w-Zeichnungen, Pappband. ●●●

Wahrsagen
mit den Karten der Madame Lenormand
(**1328**-0) Von B. A. Mertz, 108 Seiten, 39 s/w-Abbildungen, kartoniert. ●●

Die 12 Tierzeichen
Chinesisches Horoskop
(**0423**-0) Von G. Haddenbach, 88 Seiten, kartoniert. ●

Partnerschaftshoroskop
Glück und Harmonie mit Ihrem Traumpartner.
(**0587**-3) Von G. Haddenbach, 112 Seiten, 11 Zeichnungen, kartoniert. ●

Im Zeichen der Sterne
(**0951**-8) Der feurige Widder
(**0952**-6) Der willensstarke Stier
(**0953**-4) Die vielseitigen Zwillinge
(**0954**-2) Der feinfühlige Krebs
(**0955**-0) Der königliche Löwe
(**0956**-9) Die zuverlässige Jungfrau
(**0957**-7) Die charmante Waage
(**0958**-5) Der leidenschaftliche Skorpion
(**0959**-3) Der temperamentvolle Schütze
(**0960**-7) Der treue Steinbock
(**0961**-5) Der selbstbewußte Wassermann
(**0962**-3) Die romantischen Fische
Von G. Haddenbach, 64 Seiten, 35 Farbfotos, Pappband. ●

Das neue FALKEN
Computerlexikon
(**4356**-2) Von Dr. B. Kopp, 336 S., 121 s/w-Fotos, 184 Computergrafiken, Pappbd. ●●●●

Computer-Grundwissen
Eine Einführung in Funktion und Einsatzmöglichkeiten
(**4359**-7) Von Chr. T. Wolff, 176 S., 182 Farbfotos, kartoniert. ●●●
(**4358**-9) Pappband. ●●●●

Der PC
(**4732**-0) Von U. u. H. Freund, 336 Seiten, 386 Farbfotos, Pappband. ●●●

freundin
Das Computerbuch für Frauen
(**4372**-4) Von M. Thiel, 176 S., 102 Farbfotos, 73 Zeichnungen, Pappband. ●●●●

Desktop Publishing: Typografie und Layout Seiten gestalten am PC · für Einsteiger und Profis
(**4330**-9) Von Dr. H. D. Baumann, M. Klein, 320 S., zahlreiche zweifarbige Abbildungen, Pappband. ●●●●●

PC HELP!
Wissenschaftliche Texte mit Word 5.5
(**4360**-0) Von P. Vogel, 80 S., 34 zweifarbige Screensshots, kartoniert. ●●

PC HELP!
Praktische Computernutzung
mit Works 2.0
(**4369**-4) Von A. Görgens, 72 Seiten, 64 farbige Screenshots, kartoniert. ●●

PC HELP!
DFÜ mit dem PC
(**4370**-8) Von M. Hofmann, 88 Seiten, 41 farbige Screenshots, kartoniert. ●●

PC HELP!
Zeichnen mit dem PC
(**4361**-9) Von M. Hofmann, 88 S., 57 zweifarbige Screenshots, kartoniert. ●●

PC HELP!
Präsentation mit dem PC
(**4368**-6) Von M. Hofmann, 96 S., 47 zweifarbige screenshots, kartoniert. ●●

PC HELP!
CONFIG. SYS. und AUTOEXEC. BAT
Optimale Systemkonfiguration
(**4338**-4) Von A. Görgens, 64 S., ca. 50 s/w-Abbildungen und Grafiken, kartoniert. ●●

PC HELP!
DOS-Kommandos richtig nutzen
(**4339**-2) Von A. Görgens, 64 S., ca. 50 s/w-Abbildungen und Grafiken, kartoniert. ●●

PC HELP!
Die ersten Schritte mit dem PC
(**4344**-9) Von P. Vogel, H. Ebsen, 64 S., ca. 50 s/w-Abb. und Grafiken, kartoniert. ●●

PC HELP!
Mehr Speicher unter DOS nutzen
(**4345**-7) Von K. O. Kuhl, 64 S., ca. 50 s/w-Abbildungen und Grafiken, kartoniert. ●●

PC HELP!
Viren erkennen und beseitigen
(**4346**-5) Von M. Hofmann, 64 S., ca. 50 s/w-Abbildungen und Grafiken, kartoniert. ●●

DTP-Lexikon für die Praxis
(**4373**-2) 136 S., 55 s/w-Fotos, kart. ●●●

Gestalten mit Pagemaker für Windows
(**4375**-9) Von M. Hofmann, R. Titius, 116 S., 53 zweifbg. screenshots, kartoniert. ●●

Präsentationsprogramme richtig nutzen
(**4376**-7) Von M. Hofmann, 96 S., 60 zweifarbige screenshots, kartoniert. ●●

Datenaustausch 1
(**4378**-3) Von M. Hofmann, 104 Seiten, 63 zweifarbig. screenshots, kartoniert. ●●

Datenaustausch 2
(**4379**-1) Von M. Hofmann, 96 S., 34 zweifarbige screenshots, kartoniert. ●●

Update
MS-DOS 6.0
Beilage: Kurzreferenz
(**4385**-6) Von M. Hofmann, 136 S., 55 s/w-Fotos, kartoniert. ●●

PC-Pannen selbst beheben
Hardware · Software
(**4383**-X) Von M. Hofmann, 144 S., kart. ●●

Windows für Workgroups
(**4381**-3) Von P. Vogel, 80 S., 40 Screenshots, kartoniert. ●●

Essen und Trinken

Rezepte für 1 Person
(**1294**-2) Hrsg. M. Sauerborn, 64 S., 75 Farbfotos, kartoniert. ●

Schnell und individuell
Die raffinierte Single-Küche
(**4266**-3) Von F. Faist, 160 S., 151 Farbfotos, Pappband. ●●●●

Frischer Fang aus Fluß und Meer
Fisch
(**0964**-X) Von L. Grieser, 48 S., 52 Farbfotos, Pappband. ●

Fischgerichte
(**1448**-1) Hrsg.: S. Koch, 64 S., ca. 50 Farbfotos, kartoniert. ●

Zart und edel
Lachs
(**1403**-2) Von H. Imhof, 64 S., 49 Farbfotos, Pappband. ●

Geflügelgerichte
(**1348**-5) Hrsg. E. Meyer zu Stieghorst, 64 S., 71 Farbfotos, kartoniert. ●

Gaumenfreuden Tag für Tag
Pfannengerichte
(**1007**-9) Von S. Fabke, 64 S., 54 Farbfotos, Pappband. ●●

Köstliches für Genießer
Fleischgerichte
(**4699**-5) Von F. Stein, 144 S., ca. 100 Farbfotos, gebunden. ●●●

Schnitzel, Steaks & Co.
(**1417**-1) Von N. Frank, 64 Seiten, 68 Farbfotos, kartoniert. ●

Köstliches aus dem Tontopf
(**1332**-9) Hrsg. S. Kieslich, 64 Seiten, 55 Farbfotos, kartoniert. ●

Suppen und Eintöpfe
(**1449**-X) Hrsg.: S. Koch, 64 S., ca. 50 Farbfotos, kartoniert. ●

Aus eigener Küche
Gute Wurst
(**0948**-8) Von J. Bessel, G. Quaas, 80 Seiten, 8 Farbtafeln, kartoniert. ●

Aus lauter Lust und Liebe
Knoblauch
(**0867**-8) Von L. Reinirkens, 64 S., 45 Farbfotos, Pappband. ●●

Bintje, Irmgard und Sieglinde
Kartoffeln
(**1032**-X) Von S. Fabke, 64 S., 43 Farb- und 1 s/w-Foto, Pappband. ●

Kartoffelgerichte
(**1297**-7) Hrsg. I. Feldhaus, 64 S., 64 Farbfotos, kartoniert. ●

Nudelgerichte
(**1293**-4) Hrsg. E. Fuhrmann, 64 S., 66 Farbfotos, kartoniert. ●

Pasta in Höchstform
Nudeln
(**0884**-8) Von M. Kirsch, 64 S., 62 Farbfotos, Pappband. ●

Spezialitäten unter knuspriger Decke
Aufläufe
(**0882**-1) Von C. Adam, 48 S., 33 Farbfotos, Pappband. ●●

Aufläufe
(**1295**-0) Hrsg. E. Fuhrmann, 64 S., 62 Farbfotos, kartoniert. ●

Die Krönung der feinen Küche
Saucen
(**0817**-1) Von G. Cavestri, 48 S., 40 Farbfotos, Pappband. ●●

Gemüsegerichte
(**1347**-7) Hrsg. E. Fuhrmann, 64 S., 58 Farbfotos, kartoniert. ●

Gemüseaufläufe
(**1365**-5) Hrsg. E. Fuhrmann, 64 S., 58 Farbfotos, kartoniert. ●

Die schönsten Rezepte für
Frühstück und Brunch
(**1063**-X) Von K. Kruse-Schorling, 80 Seiten, 8 Farbtafeln, kartoniert. ●

Schnelle Küche
Für 2 Personen
(**4718**-5) freundin-Kochstudio, 80 Seiten, 105 Farbf., Pappband. ●●

Kochen auf der richtigen Welle im
Grill-Mikrowellengerät
(**1395**-7) Von T. Peters, 96 S., 79 Farbfotos, kartoniert. ●

Fritieren
(**1350**-7) Hrsg. I.Teltge, 64 S., 62 Farbf., kart. ●

Schnell auf den Tisch gezaubert
Kochen mit Mikrowellen
(**0818**-X) Von A. Danner, 64 S., 52 Farbfotos, Pappband. ●

Italienische Vorspeisen **Antipasti**
(**1006**-0) Von S. Reiter-Westphal, 64 Seiten, 47 Farbfotos, Pappband. ●●

Mexikanische Küche
(**1439**-2) Von C. Zingerling, 64 S., ca. 50 Farbfotos, kartoniert. ●

Italienische Küche
(**1299**-3) Hrsg. E. Fuhrmann, 64 S., 65 Farbfotos, kartoniert. ●

Schlemmerreise durch die
Italienische Küche
(**4172**-1) Von V. Pifferi, 160 S., 109 Farbfotos, Pappband. ●●●●

Spaghetti, Tagliatelle + Co.
Pasta all'Italiana
(1004-4) Von I. Seyric, 64 S., 57 Farbfotos, Pappband. ●●

Pizza
(1352-3) Hrsg. M. Sauerborn, 64 S., 72 Farbfotos, kartoniert. ●

Tradition mit Charme
Wiener Spezialitäten
(1343-4) Von G. Scolik, 64 S., 46 Farbfotos, Pappband. ●●

Schlemmerreise durch die
Französische Küche
(4296-5) Von H. Imhof, 160 S., 147 Farbfotos, 3 s/w-Fotos, Pappband. ●●●●

Schlemmerreise durch die
Spanische Küche
(4500-X) Von A. Puente, 160 S., ca. 120 Farbfotos, Pappband. ●●●●

Vom Bosporus zum Ararat
Türkische Spezialitäten
(1191-1) Von S. Dogan, 64 S., 44 Farbfotos, Pappband.●●

Indische Küche
(1404-X) Von C. Zingerling, 64 S., 64 Farbfotos, kartoniert. ●

Schlemmerreise durch die
Thailändische Küche
(4722-3) Von C. Zingerling, 144 Seiten, 164 Farbfotos, Pappband. ●●●●

Köstlich fernöstlich
Asiatische Spezialitäten
(1286-1) Von M. Carroll, E. Mognol, 64 S., 49 Farbfotos, Pappband. ●●

Chinesische Küche
(1289-6) Hrsg. M. Sauerborn, 64 S., 73 Farbfotos, kartoniert. ●

Schlemmerreise durch die
Chinesische Küche
(4184-5) Von K. H. Jen, 160 S., 117 Farbfotos, Pappband. ●●●

Gerichte aus dem
Wok
(1291-8) Hrsg. M. Sauerborn, 64 S., 76 Farbfotos, kartoniert. ●

Mit Lust und Liebe **Chinesisch Kochen**
(4441-0) Von Ho Fu-Lung, Uli Franz, 176 Seiten, 189 Farbfotos, 29 Zeichnungen, Pappband. ●●●●

Fernöstliche Küche
(1384-1) Hrsg. R. Faller, 64 S., 73 Farbfotos, kartoniert. ●

Rezepte für Tisch- und Gartengrill
(1351-3) Hrsg. V. Müller, 64 S., 59 Farbfotos, kartoniert.●

Braten auf dem heißen Stein
(1300-0) Hrsg. R. Donhauser, 64 S., 56 Farbfotos, kartoniert. ●

Rezepte rund um Raclette und Doppeldecker
(0420-6) Von J.W. Hochscheid, 72 S., 8 Farbtafeln, kartoniert, ●

Schlemmen in geselliger Runde
Fleischfondues
(0966-6) Von M. Spötter, 64 S., 62 Farbfotos, Pappband. ●●

Fondues und Raclettes
(4253-1) Von F. Faist, 160 S., 125 Farbfotos, Pappband. ●●●●

Fondues
(1298-5) Hrsg. E. Meyer zu Stieghorst, 64 S., 69 Farbfotos, kartoniert. ●

Rezepte fürs Raclette
(1290-X) Hrsg. S. Kieslich, 64 Seiten, 59 Farbfotos, kartoniert. ●

Raclette-Spezialitäten
(0881-2) Von F. Faist, 48 S., 33 Farbfotos, Pappband. ●

Knackige Salate
(1441-4) Hrsg.: S. Kieslich, 64 S., ca. 50 Farbfotos, kartoniert. ●

Gartenfrisch genießen
Feine Salate
(4450-X) Von P. Nikolay, 160 S., 122 Farbfotos, Pappband. ●●●●

Köstliche Salate
zum Verwöhnen
(0222-X) Von Chr. Schönherr, 96 S., 8 Farbtafeln, 30 Zeichnungen, kartoniert. ●

Salate
(1346-9) Hrsg. E. Furhmann, 64 S., 62 Farbfotos, kartoniert. ●

Frisch und leicht als Hauptgericht
Schlemmersalate
(0934-8) Von C. Adam, 64 S., 49 Farbfotos, Pappband. ●●

Gesund und vielseitig **Alles mit Joghurt**
täglich selbstgemacht, mit vielen Rezepten
(0382-6) Von G. Volz, 64 S., 8 Farbtafeln, kartoniert. ●

Marmeladen, Gelees und Kompotte
(1442-2) Hrsg.: F. Stein, 64 S., ca. 50 Farbfotos, kartoniert. ●

Gesunde Ernährung für mein Kind
(0776-6) Von M. Bustorf-Hirsch, 112 Seiten, 8 Farbtafeln, 5 s/w-Zeichnungen, kartoniert. ●

Eßschule
Gesunde Ernährung für Kinder im Grundschulalter
(1314-0) Von A. Roßmeier, 80 Seiten, 44 farbige Vignetten, Pappband. ●

Lieblingsgerichte für Kinder
Mit Sonderteil: Gesunde Kost für Babys ab 6 Monaten
(4497-6) Von G. Righi-Spanfellner, 112 S., 27 Farbzeichnungen, Pappband. ●●●

Das essen Kinder gern
(1405-8) Hrsg. S. Faust, 64 S., 80 Farbfotos, kartoniert. ●

Mit Lust und Liebe...
Vollwertküche für Genießer
(4412-4) Von Prof. Dr. C. Leitzmann, H. Million, 256 Seiten, 329 Farbfotos, Pappband. ●●●●

Vegetarisch kochen und genießen
Alle Gerichte für 2 Personen
(4715-0) Von Prof. Dr. C. Leitzmann, K. Dittrich, C. u. G. Kurz, 128 S., 132 Farbfotos, Pappband. ●●●●

Das große FALKEN
Vitaminkochbuch
für Genießer
(4714-2) Von Prof. Dr. troph. M. Hamm, A. Roßmeier, 208 S., 224 Farbfotos, Pappband. ●●●●

Schmackhafte Vollwertkost ohne tierisches Eiweiß
(0993-3) Von M. Bustorf-Hirsch, 96 Seiten, 54 Farbfotos, kartoniert. ●●

Cholesterinarm kochen und genießen
(4442-9) Von R. Unsorg, 168 S., 132 Farbfotos, kartoniert. ●●●●

Die aktuelle Cholesterintabelle
(1088-5) Von Dr. H. Oberritter, 84 Seiten, 12 zweifarbige Grafiken, kartoniert. ●

Die aktuelle Vitamin- und Mineralstofftabelle
Mit Angaben zu den wichtigsten Vitaminen und Mineralstoffen
(1110-5) Von Dr. H. Oberritter, 88 Seiten, 1 zweifarbige Grafik, kartoniert. ●

Die aktuelle E-Zusatzstoff-Tabelle
Über 750 Angaben zu Herkunft, Verwendung und möglichen Nebenwirkungen
(1233-0) Von T. Pilgram, E.Dahl, 80 Seiten, zweifarbig, kartoniert. ●

Vollwertküche für Diabetiker
Köstlich kochen und backen für die ganze Familie
(4473-9) Von Prof. Dr. C. Leitzmann, Prof. Dr. H. Laube, H. Million, 168 S., 172 Farbfotos, 8 Zeichnungen, Pappband. ●●●●

Kochen und backen für Diabetiker
Gesund und schmackhaft für die ganze Familie
(4467-4) Von Dr. med. M. Toeller, W. Schumacher, A. Groote, Dr. troph. A. Klischan, 176 S., 182 Farbfotos, Pappband. ●●●●

Die Sojaküche
Gesund und abwechslungsreich essen
(0553-9) Von U. Kolster, 80 S., 8 Farbtafeln, kartoniert. ●

Gesund kochen mit Keimen und Sprossen
(0794-9) Von M. Bustorf-Hirsch, 96 S., 4 Farbtafeln, 13 s/w-Zeichnungen, kartoniert. ●

Waffeln
Hörnchen, Pfannkuchen und Crêpes.
(0522-9) Von C. Stephan, 64 S., 8 Farbtafeln, kartoniert. ●

Waffeln
(1296-9) Hrsg. L. Steiger, 64 S., 73 Farbfotos, kartoniert. ●

Fruchtige Pfannkuchen und Crêpes
(1446-5) Von S. Fabke, 64 S., ca. 50 Farbfotos, kartoniert. ●

Mehr Freude und Erfolg beim
Brotbacken
(4148-9) Von A. und G. Eckert, 160 Seiten, 177 Farbfotos, Pappband. ●●●●

Meine Vollkornbackstube
Brot · Kuchen · Aufläufe. (0616-0) Von R. Raffelt, 96 S., 4 Farbtafeln, 12 Zeichnungen, kartoniert. ●

Mit Honig, Nuß und Mandelkern
Weihnachtsplätzchen
(1287-X) Von H. Jaacks, 64 S., 48 Farbfotos, Pappband. ●●

Backen ohne Zucker
(1234-9) Von H. Erkelenz, 80 S., 8 Farbtafeln, kartoniert. ●

Süße Geheimnisse eiskalt gelüftet
Eis und Sorbets
(0870-8) Von H. W. Liebheit, 48 S., 38 Farbfotos, Pappband. ●

Haltbarmachen in der Öko-Küche
Gesunde Konserviermethoden für Obst, Gemüse, Kräuter und Pilze. (0923-2) Von M. Bustorf-Hirsch, 120 S., 92 Farbabbildungen, kartoniert. ●●

Komm, koch und back mit mir
Kunterbuntes Kochvergnügen für Kinder.
(4285-X) Von S. und H. Theilig, illustriert von B. v. Hayek, 112 S., 45 Farbabbildungen, Pappband. ●●●●

Lieblingsgerichte für Kinder
Kerngesund und kunterbunt
(4497-6) Von G. Righi-Spanfellner, 112 Seiten, 27 Farbzeichnungen, Pappband. ●●●

Lirum, larum, Löffelstiel...
Kinder kochen mit Knuddel
(1094-X) Von U. Bültjer, 80 S., 27 zweifarbige Zeichnungen, kartoniert. ●

Backe, backe Kuchen...
Kinder backen mit Knuddel
(1301-9) Von U. Bültjer, 64 S., 34 Farbfotos, 60 Farbzeichn., kartoniert. ●

Mit Lust und Liebe
Garnieren und Verzieren
Dekoratives zu vielen Anlässen
(4496-8) Von M. Müller, E. Pratsch, H. Krieg, 160 Seiten, ca. 100 Farbfotos, Pappband. ●●●●

Mit Lust und Liebe **Kalte Platten & Buffets**
Anrichten und Garnieren
(4427-5) Von P. Grotz, 176 S., 228 Farbfotos, Pappband. ●●●●

Köstliches ganz leicht gezaubert
Raffinierte Rezepte rund um den Stabmixer
(1453-8) Von U. Kochendörfer, 96 Seiten, 84 Farbfotos, kartoniert. ●●

Garnieren und Verzieren
(4236-1) Von R. Biller, 160 S., 329 Farbfotos, 57 Zeichnungen, Pappband. ●●●●

Köstlichkeiten für Gäste und Feste
Kalte Platten
(4200-0) Von I. Pfliegner, 160 S., 130 Farbfotos, Pappband. ●●●●

Sandwich, Toasts & Co.
(1331-0) Von F. Faist, 64 Seiten, 62 Farbfotos, kartoniert. ●

Quiches, Tartes
und andere pikante Kuchen
(1407-4) Hrsg. I. Teitge, 64 S., 70 Farbf., kart. ●
freundin
Snacks
(4521-2) Von V. Müller, 80 S., 87 Farbfotos, Pappband. ●●●

Kochen und backen mit Käse
(1451-1) Hrsg.: F. Stein, 64 S., ca. 50 Farbfotos, kartoniert. ●

Raffiniert kombiniert, schön dekoriert
Käseplatten
(1192-X) Von S. Carlsson, 64 S., 57 Farbfotos, Pappband. ●●

FALKEN
Festival der schön gedeckten Tische
(4738-X) Von A. F. Endress, 204 S., 116 Farbfotos, 83 Farbzeichnungen, Pappbd. ●●●●

Der perfekt gedeckte Tisch
(1028-1) Von H. Tapper, 80 S., 161 Farbfotos, 13 Zeichnungen, kartoniert. ●●

Der schön gedeckte Tisch
Vom einfachen Gedeck bis zur Festtafel stimmungsvoll und perfekt arrangiert.
(4246-1) Von H. Tapper, 112 S., 206 Farbfotos, 21 s/w-Abbildungen, Pappband. ●●●

Servietten falten
80 Ideen für schön gedeckte Tische
(1042-7) Von M. Müller, O. Mikolasek, 80 S., 289 Farbfotos, 50 Zeichnungen, kart. ●●

Phantasievolle Tischdekorationen selber machen
(0984-4) Von Y. Thalheim, H. Nadolny, 80 S., 174 Farbfotos, 21 Zeichnungen, kartoniert. ●●

Servietten dekorativ falten
Geschmackvolle Anregungen aus Stoff und Papier. (0804-X) Von H. Tapper, 32 Seiten, 134 Farbfotos, Pappband. ●●

Weine und Säfte, Liköre und Sekt
selbstgemacht.
(0702-7) Von P. Arauner, 232 S., 76 Abb., kartoniert. ●●●

Was Weinfreunde wissen wollen
Fragen und Antworten rund um den Wein
(1224-1) Von Prof. Dr. K. Röder, H.-G. Dörr, ca. 224 Seiten, kartoniert. ●●

FALKEN Mixbuch
(4733-9) Hrsg. P. Bohrmann, 560 Seiten, 227 Farbfotos, Pappband. ●●●●

Vitamindrinks
(1408-2) Von H. Reith, W. Hubert, 64 S., 68 Farbfotos, kartoniert. ●

Köstlich, cremig, sahnig, frisch
Mixen mit Milch
(1151-2) Von S. Carlsson, 64 S., 45 Farbfotos, Pappband. ●●

Milchmixgetränke
(1450-3) Von S. Carlsson, 64 S., ca. 50 Farbfotos, kartoniert. ●●

Cocktails und Drinks
(1292-6) Hrsg. S. Kieslich, 64 S., 70 Farbfotos, kartoniert. ●●

Bowlen und Punsche
(1447-3) Hrsg.: F. Brandl, 64 S., ca. 50 Farbfotos, kartoniert. ●

Fruchtig, spritzig, eisgekühlt
Mixen ohne Alkohol
(0935-6) Von S. Späth, 64 S., 44 Farbfotos, Pappband. ●●

Longdrinks
(1345-0) Hrsg. E. Meyer zu Stieghorst, 64 S., 79 Farbfotos, kartoniert. ●

Light Drinks
Mixen mit und ohne Alkohol
(1222-5) Von S. Edelberg, Heike Reith, 64 S., 48 Farbfotos, kartoniert. ●●

Cocktails
(4267-1) Von W. R. Hoffmann, W. Hubert, U. Lottring, 160 S., 164 Farbfotos, 1 s/w-Foto, Pappband. ●●●

Cocktails und Mixereien
für häusliche Feste und Feiern. (0075-8) Von J. Walker, 96 S., 4 Farbtafeln, kartoniert. ●●

Das Fitmacher-Kochbuch
(4698-7) Von Prof. Dr. troph. M. Hamm, 112 S., ca. 100 Farbfotos, gebunden. ●●●

Schlank und gesund nach Dr. Hay
Schnelle Trennkostküche
(4746-0) Von H. Harper, 80 S., ca. 80 Farbfotos, kartoniert. ●●

Schlank werden nach Dr. Hay Trennkost
Die bewährten Vollwert-Rezepte von Ursula Summ. (4298-1) Von U. Summ, 96 Seiten, 54 Farbfotos, 1 Zeichnung, kartoniert. ●●

Das große Buch der Trennkost
Neue Rezepte von Ursula Summ
(4498-4) Von U. Summ, 144 S., ca. 100 Farbfotos, Pappband. ●●●

Gesund leben nach Dr. Hay
Cholesterinarme Trennkost
Neue Vollwert-Rezepte von Ursula Summ
(4475-5) Von U. Summ, 96 Seiten, 52 Farbfotos, kartoniert. ●●

Die neue Trennkost
(4685-5) Von U. Summ, 96 Seiten, 71 Farbfotos, kartoniert. ●●

Das kleine 1 x 1 der Trennkost
(1428-7) Von S. Carlsson, 64 S., ca. 50 Farbfotos, kartoniert. ●●

Schlank nach Maß
mit der Diät-Computerwaage
(1064-8) Von K. Alisch, 104 S., 8 Farbtafeln, kartoniert. ●

Gesundes Essen für Berufstätige
Die 4-Wochen-Vollwertkur (1065-6) Von M. Weber, ca. 80 S., 8 Farbtafeln, kart. ●

Garten

FALKEN Gartenjahr
(4730-4) Von K. Greiner, A. Weber, P. Michaeli-Achmühle, 320 Seiten, 380 Farbabbildungen, Pappband. ●●●●

Garten heute
Der moderne Ratgeber. Über 1000 Farbbilder. (4283-3) Von H. Jantra, 384 S., über 1000 Farbabbildungen, Pappband. ●●●●

Helmut Jantras Gartenbuch
Obst · Gemüse · Blumen
(4522-0) Von H. Jantra, 200 S., 395 Farbfotos, 123 Farbzeichnungen, 25 Tabellen, Pappband. ●●●●

1000 ganz bewährte Garten-Tips
(4453-4) Von H. Jantra, 320 S., 288 zweifbg. und 62 s/w-Zeichn., , Pappband. ●●●

Obst, Gemüse, Blumen, Gras
Gärtnern macht den Kindern Spaß
(4517-4) Von U. Krüger, 96 S., 85 Farbfotos, 180 Farbzeichnungen, Pappband. ●●●

Rosen
(4692-8) Von H. Steinhauer, ca. 144 S., zahlr. Farbabbildungen Pappband. ●●●●

Rosen
Auswahl · Pflege · Gestaltung
(1183-0) Von H. Jantra, 120 S., 200 Farbfotos, 20 Farbzeichnungen, 8 Bepflanzungspläne, kartoniert. ●●

Bunte Pracht der Stauden
Auswahl · Pflege · Gestaltung
(1376-0) Von H. Jantra, 112 S., 167 Farbabbildungen, kartoniert. ●●

Erfolgstips für den Obstgarten
Gesunde Früchte durch richtige Sortenwahl und Pflege
(0827-9) Von F. Mühl, 184 S., 16 Farbtafeln, 33 Zeichnungen, kartoniert. ●●

Erfolgstips für den Gemüsegarten
Mit naturgemäßem Anbau zu höherem Ertrag. (0674-8) Von F. Mühl, 80 Seiten, 30 s/w-Fotos, 4 Zeichnungen, kartoniert. ●●

Obstgehölze sachgemäß schneiden
(1127-X) Von P. G. Wilhelm, 136 Seiten, 8 s/w-Abb., 367 Zeichnungen, kart.●●

Kompost im Hausgarten
herstellen und anwenden
(1258-6) Von H. Abels, J. Jöstingmeier, ca. 30 zweifarbige Zeichnungen, kart ●

Der naturgemäße Zier- und Wohngarten
Anlegen · Gestalten · Pflegen
(0748-5) Von I. Gabriel, 128 S., 72 Farbfotos, 46 Farbzeichnungen, kartoniert. ●●

Natürliche gärtnern unter Glas und Folie
Anbauen und ernten rund ums Jahr
(0722-1) Von I. Gabriel, 128 S., 62 Farbfotos, 45 Farbzeichnungen, kartoniert. ●●

Nützliche Tiere im Garten
(1472-4) Von I. Polaschek, ca. 112 Seiten, ca. 120 Farbf., ca. 10 Farbzeichn., kartoniert. ●●

Schneckenbekämpfung
giftfrei und naturgemäß
(1378-7) Von B. Meyer, Y. Thalheim, 64 S., 25 s/w-Zeichnungen, 8 Farbtafeln, kart. ●●

Dekorative Kübelpflanzen
Auswahl · Pflege
(1074-5) Von H. Jantra, 112 S., 180 Farbfotos, 35 Farbzeichnungen, kartoniert. ●●

Blütenpracht auf Balkon und Terrasse
(0928-3) Von M. Haberer, 88 S., 139 Farbfotos, kartoniert. ●●

Moderne Gartengestaltung
(1255-1) Von K. Greiner, A. Weber, 128 S., mit Rasterbogen und Planelementen zum Ausschneiden, ca. 120 Farbfotos, ca. 20 vierfarbige Pläne, kartoniert. ●●●

Gestaltungsideen für
Schöne Gärten
(4482-8) Von H. Jantra, 168 S., 309 Farbfotos, 3 s/w-Fotos, Pappband. ●●●●●

Der pflegeleichte Hausgarten
(1170-9) Von H. Jantra, 112 S., vierfarbige Abbildungen, kartoniert. ●●

Schöne Kräutergärten
(1256-X) Von H. Jantra, 112 S., vierfarbige Abbildungen, kartoniert. ●●

Kleingärten
Planen · Anlegen · Pflegen
(1015-X) Von H. Jantra, 88 S., 123 Farbfotos, 1 s/w-Foto, , kart. ●●

Reihenhausgärten
Planen · Anlegen · Pflegen
(1016-8) Von H. Jantra, 104 S., 134 Farbfotos, 45 Farbzeichnungen, kartoniert. ●●

Kletterpflanzen
Mit Sonderteil Dachbegrünung
(4546-8) Von U. Mehl, K. Werk, 128 S., ca. 150 Farbfotos, farbige und s/w-Zeichnungen, Pappband. ●●●●●

Steingärten Wirkungsvoll gestalten und sachgerecht pflegen
(4452-6) Von A. Throll-Keller, 128 Seiten, 203 Farbfotos, 56 Farbzeichnungen, Pappband. ●●●●

Gartenteiche, Tümpel und Weiher
naturnah anlegen und pflegen
(**1073**-7) Von Dr. F. Liedl, H. Goos, 80 Seiten, 87 Farbfotos, 39 Farbzeichnungen, kart. ●●

Wasser im Garten
Von der Vogeltränke zum Naturteich · Natürliche Lebensräume selbst gestalten.
(**4230**-2) Von H. Hendel, P. Keßeler, 240 S., 315 Farbabb., 11 s/w-Fotos, Pappband. ●●●●●

Pflanzen und Tiere für den Gartenteich
(**1171**-7) Von W. Costa, 128 S., 169 Farbfotos, 40 Farbzeichnungen, 8 Bepflanzungspläne, kartoniert. ●●

Gestaltungsideen für den Wohngarten
Sitzplätze, Terrassen, Höfe und andere grüne Räume
(**4751**-7) Von H. Jantra, ca. 120 Seiten, ca. 100 Farbfotos und -zeichnungen, gebunden. ●●●●

Wintergärten
Das Erlebnis, mit der Natur zu wohnen. Planen, Bauen und Gestalten.
(**4256**-6) Von LOG ID, 136 S., 130 Farbfotos, 107 Zeichnungen, Pappband. ●●●●●

Rund ums Jahr erfolgreich gärtnern
Gewächshäuser
planen · bauen · einrichten · nutzen
(**4408**-9) Von Dr. G. Schoser, J. Wolff, 232 S., 368 Farbabb., 5 s/w-Fotos, Pappbd. ●●●●●

Das moderne Handbuch **Zimmerpflanzen**
(**4416**-X) Von H. Jantra, 304 S., 766 Farbfotos, 64 Farb- und 19 s/w-Zeichnungen, Pappband. ●●●●

365 Erfolgstips für schöne Zimmerpflanzen
(**0893**-7) Von H. Jantra, 144 S., 215 Farbfotos, kartoniert. ●●

Dekorative Blattpflanzen
Auswahl und Pflege
(**1128**-8) Von H. Jantra, 128 S., 198 Farbfotos, 20 Farbzeichnungen, kartoniert. ●●

Arbeitskalender für Zimmergärtner
(**1473**-2) Von H. Jantra, 112 Seiten, ca. 120 Farbfotos, kartoniert. ●●

Prof. Stelzers grüne Sprechstunde
Gesunde Zimmerpflanzen
Krankheiten erkennen und behandeln. Mit neuem Diagnosesystem.
(**4274**-4) Von Prof. Dr. G. Stelzer, 192 Seiten, 410 Farbfotos, 10 s/w-Zeichnungen, Pappband. ●●●●

Hydrokultur
Pflanzen ohne Erde – mühelos gepflegt.
(**0944**-5) Von H.-A. Rotter, 144 S., 167 Farbfotos, 13 Farbzeichnungen, kartoniert. ●●

Gesunde Pflanzen in
Hydrokultur
(**1257**-8) Von H.-A. Rotter, 80 Seiten, ca. 60 s/w-Fotos, 8 Farbtafeln, kartoniert. ●

Bonsai Japanische Miniaturbäume und Miniaturlandschaften. Anzucht, Gestaltung und Pflege.
(**4091**-1) Von B. Lesniewicz, 160 S., 106 Farbfotos, 46 s/w-Fotos, 115 Zeichnungen, gebunden. ●●●●●

Kakteen
Auswahl · Pflege · Vermehrung
(**1429**-5) Von G. Andersohn, ca. 120 S., zahlr. Farbabbildungen, kartoniert. ●●●

Tiere

Grzimek Juniors **BUNTE TIERWELT**
(**4295**-7) Von Chr. Grzimek, 208 S., 308 Farbfotos, Pappband. ●●●●

Hunde
Rassen · Ausbildung · Pflege · Zucht
(**4118**-7) Von H. Bielfeld, 192 S., 222 Farb- und 73 s/w-Abb., Pappband. ●●●●

Das neue Hundebuch
Rassen · Aufzucht · Pflege (**0009**-X) Von W. Busack, überarbeitet von Dr. med. vet. A. H. Hacker und H. Bielfeld, 112 S., 8 Farbtafeln, 27 s/w-Fotos, 6 Zeichnungen, kartoniert. ●

Alles über Dackel, Teckel und Dachshunde
(**1079**-6) Von M. Wein-Gysae, 80 Seiten, 46 Farbfotos, 2 zweifarbige Zeichnungen, kartoniert. ●●

Hundeausbildung
Verhalten · Gehorsam · Ausbildung
(**0346**-3) Von R. Menzel, 88 S., 26 Fotos, kartoniert. ●●

Grundausbildung für Gebrauchshunde
Schäferhund, Boxer, Rottweiler, Dobermann, Riesenschnauzer, Airedaleterrier, Hovawart und Bouvier.
(**0801**-5) Von M. Schmidt und W. Koch. 104 S., 8 Farbtafeln, 51 s/w-Fotos, 5 s/w-Zeichnungen, kartoniert. ●●

Der Hund in der Familie
(**1014**-1) Von J. Werner, 128 S., 106 Farbfotos, kartoniert. ●●

Der Deutsche Schäferhund
(**1091**-5) Von U. Förster, 112 S., 47 Farbzeichnungen, 2 s/w-Fotos, kartoniert. ●●

Der Deutsche Schäferhund
Aufzucht · Pflege und Ausbildung
(**0073**-5) Von A. Hacker, 104 S., 56 Abb., kart. ●

Alles über junge Hunde
(**0863**-5) Von Dr. med. vet. E. M. Bartenschlager, 64 S., 49 Farbfotos, 6 Zeichnungen, kartoniert. ●●

Richtige Hundeernährung
(**0811**-2) Von Dr. med. vet. E. M. Bartenschlager, 80 S., 51 Farbf., 4 Farbzeichn., kart. ●●

Hundekrankheiten
(**1077**-X) Von Dr. med. vet. R. Spangenberg, 96 S., 44 Farb- und 1 s/w-Foto, 22 Farbzeichnungen, kartoniert. ●●

Von Ajax bis Zamperl
Die beliebtesten Hunde-Namen
(**1174**-1) Von H.-J. Schließke, 96 Seiten, kart. ●

Die Katze in der Familie
(**1076**-1) Von U. Birr, 136 S., 112 Farbf., kart. ●●

Katzen
Rassen · Verhalten · Pflege · Zucht
(**4158**-6) Von B. Gerber, 176 S., 294 Farb- und 88 s/w-Fotos, Pappband. ●●●●

Das neue Katzenbuch
Rassen · Aufzucht · Pflege.
(**0427**-3) Von B. Eilert-Overbeck, 120 Seiten, 14 Farbfotos, 26 s/w-Fotos, kartoniert. ●●

Katzenkrankheiten
erkennen und behandeln
(**1078**-8) Von Dr. med. vet. R. Spangenberg, 104 S., 40 Farbfotos und 11 Farbzeichnungen, kartoniert. ●●

Junge Katzen
(**0862**-7) Von Dr. med. vet. E. M. Bartenschlager, 72 S., 40 Farbfotos, 4 Farbzeichnungen, kartoniert. ●●

Pferde
(**4186**-1) Von H. Werner, 176 S., 196 Farbund 50 s/w-Fotos, 100 Zeichnungen, Pappband. ●●●●

Reiten auf Gangpferden
Isländer, Pasos, Saddlehorses und andere Freizeitpferde
(**4716**-9) Von Dr. med. vet. M. H. Jung, ca. 112 S., zahlreiche Abbildungen, kartoniert. ●●●

Reiten im Bild
(**0415**-X) Von H. Werner, 128 S., 142 Farbfoyos, 107 Farbzeichnungen, kartoniert. ●●

Der Hobby-Imker
(**0978**-X) Von Dr. R. F. A. Moritz, 144 S., 106 zweifarbige Zeichnungen, kart. ●●

Geflügelhaltung als Hobby
(**0749**-3) Von M. Baumeister, H. Meyer, 184 S., 8 Farbtafeln, 47 s/w-Fotos, 15 zweifarbige Zeichnungen, kartoniert. ●●●

Sittiche und kleine Papageien
(**0864**-3) Von Dr. med. vet. E. M. Bartenschlager, 88 S., 84 Farbfotos, 9 Zeichnungen, kartoniert. ●●

Alles über Großsittiche
(**1320**-5) Von H. Bielfeld, 88 S., 88 Farbfotos, 3 Farbzeichnungen, kartoniert. ●●

Alles über Wellensittiche
(**1129**-6) Von H. Bielfeld, 64 S., 53 Farbfotos, 3 Zeichnungen, kartoniert. ●●

Alles über Kanarienvögel
(**0901**-1) Von H. Schnoor, 64 S., 58 Farbfotos und Zeichnungen, kartoniert. ●●

Nymphensittiche
Auswahl · Haltung · Pflege
(**1474**-0) Von F. Moll, ca. 64 Seiten, durchgehend vierfarbig, kartoniert. ●●

Beos
Haltung · Pflege · Zucht
(**1475**-9) Von M. Wagner, ca. 64 Seiten, durchgehend vierfarbig, kartoniert. ●●

Elternlose Jungvögel
Erste Hilfe · Aufzucht · Auswilderung
(**1319**-1) Von I. Polaschek, 80 S., 80 Farbfotos, 5 Farbzeichnungen, kartoniert. ●●

Diskusfische
Arten · Haltung · Pflege
(**1432**-5) Von H. Hirsch, 64 Seiten, 43 Farbfotos, kartoniert. ●●

Die Tiersprechstunde
Gesunde Fische im Süßwasseraquarium
(**1013**-3) Von H. J. Mayland, 96 S., 73 Farbfotos, 11 Farbzeichnungen, kartoniert. ●●

Alles über Zwerg- und Goldhamster
(**1012**-5) Von M. Mettler, 96 S., 96 Farbfotos, kartoniert. ●●

Alles über Chinchillas und Degus
(**1130**-X) Von M. Mettler, 96 S., 80 Farbfotos, 3 Farbzeichnungen, kartoniert. ●●

Alles über Meerschweinchen
(**0809**-0) Von Dr. med. vet. E. M. Bartenschlager, 72 S., 43 Farbfotos, 11 Farbzeichnungen, kartoniert. ●●

Alles über Zwergkaninchen
(**1075**-3) Von M. Mettler, 64 S., 52 Farbfotos, kartoniert. ●●

Alles über Rennmäuse
(**1318**-3) Von M. Mettler, 80 S., 74 Vignetten, kartoniert. ●●

Sport und Fitneß

Neue Lehrmethoden der Judo-Praxis
(**0424**-9) Von P. Herrmann, 223 S., 475 Abb., kartoniert. ●●

Judo perfekt 1
(**1249**-7) Von K. Fuchs, 128 S., kartoniert. ●●

Judo perfekt 2
Wettkampftechniken im Stand
(**1461**-9) Von K. Fuchs, ca. 144 Seiten, kartoniert. ●●

Fußwürfe
für Judo, Karate und Selbstverteidigung.
(**0439**-7) Von M. Nishioka, übers. von H. J. Heese, 96 S., 260 Abb., kartoniert. ●●

Karate 1
zur Selbstverteidigung
(**1312**-4) Von M. Nakayama, 96 Seiten, 315 s/w-Fotos, 5 Zeichn., kartoniert. ●●

Karate 2
zur Selbstverteidigung
(**1362**-0) Von M. Nakayama, 96 Seiten, 245 s/w-Fotos, kartoniert. ●●

Nakayamas Karate perfekt 1
Einführung.
(**0487**-7) Von M. Nakayama, 136 Seiten, 605 s/w-Fotos, kartoniert. ●●

Nakayamas Karate perfekt 2
Grundtechniken.
(**0512**-1) Von M. Nakayama, 136 Seiten, 354 s/w-Fotos, 53 Zeichnungen, kart. ●●

Nakayamas Karate perfekt 3
Kumite 1: Kampfübungen.
(**0538**-5) Von M. Nakayama, 128 Seiten, 424 s/w-Fotos, kartoniert. ●●

Nakayamas Karate perfekt 4
Kumite 2: Kampfübungen.
(**0547**-4) Von M. Nakayama, 128 Seiten, 394 s/w-Fotos, kartoniert. ●●

Nakayamas Karate perfekt 5
Kata 1: Heian, Tekki.
(**0571**-7) Von M. Nakayama, 144 Seiten, 1229 s/w-Fotos, kartoniert. ●●

Nakayamas Karate perfekt 6
Kata 2: Bassai-Dai, Kanku-Dai.
(**0600**-4) Von M. Nakayama, 144 Seiten, 1300 s/w-Fotos, 107 Zeichnungen, kart. ●●

Nakayamas Karate perfekt 7
Kata 3: Jitte, Hangetsu, Empi.
(**0618**-7) Von M. Nakayama, 144 Seiten, 1988 s/w-Fotos, 105 Zeichnungen, kart. ●●

Nakayamas Karate perfekt 8
Gankaku, Jion.
(**0650**-0) Von M. Nakayama, 144 Seiten, 1174 s/w-Fotos, 99 Zeichnungen, kart. ●●

Karate
(**2308**-1) Von A. Pflüger, 96 S., 134 Farbfotos, 4 s/w-Zeichnungen, kartoniert. ●●

Bo-Karate
Hanbo-Jitsu – die Techniken des Stockkampfes.
(**0447**-8) Von G. Stiebler, 176 S., 424 s/w-Fotos, 38 Zeichnungen, kartoniert. ●●

Karate 1
Einführung · Grundtechniken.
(**0227**-0) Von A. Pflüger, 144 S., 195 s/w-Fotos, 120 Zeichnungen, kartoniert. ●

Karate 2
Kombinationstechniken · Katas.
(**0239**-4) Von A. Pflüger, 176 S., 452 s/w-Fotos und Zeichnungen, kartoniert. ●●

Karate Kata 1
Heian 1–5, Tekki 1, Bassai-Dai.
(**0683**-7) Von W.-D. Wichmann, 164 Seiten, 703 s/w-Fotos, kartoniert. ●●

Karate Kata 2
Jion, Empi, Kanku-Dai, Hangetsu.
(**0723**-X) Von W.-D. Wichmann, 140 Seiten, 661 s/w-Fotos, 4 Zeichnungen, kart. ●●

Karate Kata 3
Bassai Sho, Kanku Sho, Nijushiho, Sochin.
(**1120**-2) Von W.-D. Wichmann, 144 Seiten, 598 s/w-Fotos, 4 Grafiken, kart. ●●

Dragon – der Drache
Die Bruce-Lee-Story
(**1415**-5) Von L. Lee, 192 S., 257 s/w-Fotos, kartoniert. ●●●

Bruce Lees Kampfstil 1
Grundtechniken
(**0473**-9) Von B. Lee, M. Uyehara, 109 Seiten, 220 Abbildungen, kartoniert. ●

Bruce Lees Kampfstil 2
Selbstverteidigungs-Techniken
(**0486**-9) Von B. Lee, M. Uyehara, 128 Seiten, 310 Abb., kartoniert. ●

Bruce Lees Kampfstil 3
Trainingslehre
(**0503**-2) Von B. Lee, M. Uyehara, 112 Seiten, 246 Abbildungen, kartoniert. ●

Bruce Lees Kampfstil 4
Kampftechniken
(**0532**-7) Von B. Lee, M. Uyehara, 104 Seiten, 211 Abbildungen, kartoniert. ●

Bruce Lee Kung-Fu
zur Selbstverteidigung
(**1399**-X) Von B. Lee, 104 Seiten, 120 s/w-Abbildungen, kartoniert. ●●

Chuck Norris
Meine Karatetechnik
Erfolgreich in Angriff und Abwehr
(**1460**-0) Von C. Norris, 128 Seiten, kartoniert. ●

Shaolin Kung-Fu 1
Grundlagen chinesischer Kampfkunst
(**1363**-9) Von C. D. Yao, R. Fassi, 124 Seiten, 207 s/w-Fotos, 30 s/w-Zeichn., kart. ●●●

Shaolin Kung-Fu 2
Kampftechniken für Angriff und Abwehr
(**1416**-3) Von C. D. Yao, R. Fassi, 144 Seiten, 581 s/w-Abb., kartoniert. ●●

Kung-Fu 1
Legende · Philosophie · Grundtechniken
(**0891**-0) Von Chr. Yim, 152 S., 401 s/w-Fotos, 2 s/w-Zeichnungen, kartoniert. ●

Kung-Fu und Thai-Chi
Grundlagen und Bewegungsabläufe
(**0367**-6) Von B. Tegner, 182 S., 370 s/w-Fotos, kartoniert. ●●

Kung Fu
Theorie und Praxis klassischer und moderner Stile
(**0376**-5) Von M. Pabst, 160 Seiten, 330 Abbildungen, kartoniert. ●●

Bruce Lees Jeet Kune Do
(**0440**-0) Von B. Lee, 192 S., mit 105 eigenhändigen Zeichnungen von B. Lee, kartoniert. ●●●

Shaolin-Kempo – Kung-Fu
Chinesisches Karate im Drachenstil.
(**0395**-1) Von R. Czerni, K. Konrad, 246 S., 723 Abbildungen, kartoniert. ●●

Kickboxen
Fitneßtraining und Wettkampfsport.
(**0795**-7) Von G. Lemmens, 96 S., 208 s/w-Fotos, 23 Zeichnungen, kartoniert. ●●

Ninja 1
Die Lehre der Schattenkämpfer
(**0758**-2) Von S. K. Hayes, übers. von J. Schmit, 144 Seiten, 137 s/w-Fotos, kartoniert. ●●

Ninja 2
Die Wege zum Shoshin.
(**0763**-9) Von S. K. Hayes, übers. von J. Schmit, 160 S., 309 s/w-Fotos, 2 Zeichnungen, kartoniert. ●●

Ninja 3
Der Pfad des Togakure-Kämpfers.
(**0764**-7) Von S. K. Hayes, übers. von J. Schmit, 144 S., 197 s/w-Fotos, 2 Zeichnungen, kartoniert. ●●

Ninja 4
Das Vermächtnis der Schattenkämpfer.
(**0807**-4) Von S. K. Hayes, übers. von J. Schmit, 196 Seiten, 466 s/w-Fotos, kartoniert. ●●

Taekwondo perfekt 1
Die Formenschule bis zum Blaugurt.
(**0890**-2) Von K. Gil, Kim Chul-Hwan, 176 Seiten, 439 s/w-Fotos, 107 Zeichnungen, kartoniert. ●

Taekwondo perfekt 2
Die Formenschule vom Blau- bis zum Schwarzgurt.
(**0976**-3) Von K. Gil, K. Chul-Hwan, 192 Seiten, 461 s/w-Fotos, 112 Zeichnungen, kartoniert. ●●

Taekwondo perfekt 3
(**1068**-0) Von K. Gil, K. Chul-Hwan, 200 S., 429 s/w-Fotos, kartoniert. ●●●

Taekwondo perfekt 4
(**1250**-0) Von K. Gil, 160 S., zahlr. s/w-Fotos und Schrittdiagramme, 17 Übungstafeln zum Herausnehmen, kart. ●●●

Ju-Jutsu 1
Grundtechniken · Moderne Selbstverteidigung.
(**0276**-9) Von W. Heim, F. J. Gresch, 164 S., 450 s/w-Fotos, 8 Zeichn., kartoniert. ●●

Ju-Jutsu 2
für Fortgeschrittene und Meister.
(**0378**-1) Von W. Heim, F. J. Gresch, 160 S., 798 s/w-Fotos, kartoniert. ●●

Ju-Jutsu 3
Spezial-, Gegen- und Weiterführungs-Techniken · Stockkampfkunst.
(**0485**-0) Von W. Heim, F. J. Gresch, 200 S., über 600 s/w-Fotos, kartoniert. ●●

Aikido
Lehren und Techniken des harmonischen Weges.
(**0537**-7) Von R. Brand, 280 Seiten, 697 Abbildungen, kartoniert. ●●

Hap Ki Do
Koreanische Selbstverteidigung nach dem Lehrsystem des Großmeisters.
(**0379**-X) Von Kim Sou Bong, 112 Seiten, 152 Abbildungen, kartoniert. ●●

Dynamische Tritte
Grundlagen für den Zweikampf.
(**0438**-9) Von C. Lee, 96 S., 398 s/w-Fotos, 10 Zeichnungen, kartoniert. ●●

Super-Tritte
(**1248**-9) Von W. Wallace, 136 S., kart. ●●

Selbstverteidigung
Abwehrtechniken für Sie und Ihn.
(**0853**-8) Von E. Deser, 96 S., 259 s/w-Fotos, kartoniert. ●

Die Faszination athletischer Körper
Bodybuilding
mit Weltmeister Ralf Möller.
(**4281**-7) Von R. Möller, 128 Seiten, 169 Farbfotos, 14 s/w-Fotos, 1 Farbzeichnung, Pappband. ●●●●

Ladyfitneß
Das neue Körperbewußtsein der Frau
Bodyshaping · Körperpflege · Ernährung · Entspannung
(**4433**-X) Von Prof. Dr. S. Starischka, B. Grabis, D. von Cramm, G. W. Kienitz, 128 S., 227 Farbfotos, Pappband. ●●●●

Bodybuilding für Frauen
Wege zu Ihrer Idealfigur
(**0661**-6) Von H. Schulz, 112 S., 84 s/w-Fotos, 4 Zeichnungen, kartoniert. ●

Bodybuilding
Anleitung zum Muskel- und Konditionstraining für sie und ihn
(**0604**-7) Von R. Smolana, 160 S., 171 s/w-Fotos, kartoniert. ●●

Bodybuilding
(**2314**-6) Von L. Spitz, 112 S., 203 Farbabbildungen, 10 Tabellen. ●●

Leistungsfähiger durch Krafttraining
Eine Anleitung für Fitness-Sportler, Trainer und Athleten.
(**0617**-9) Von W. Kieser, 96 S., 20 s/w-Fotos, 62 Zeichnungen, kartoniert. ●

Krafttraining
Wirbelsäulengerechte Übungen an und mit Geräten
(**1309**-4) Von A. Balk, 48 S., 8 Bildtafeln, Spiralbindung. ●●●

Muskeltraining mit Hanteln
Leistungssteigerung für Sport und Fitneß
(**0676**-4) Von H. Schulz, 104 S., 92 s/w-Fotos, 2 Zeichnungen, kartoniert. ●

Ausdauertraining
Einführung und Grundtechniken
(**1396**-5) Von G. Eyting, 32 S., 41 Farbfotos, 21 Farbzeichn., kartoniert. ●●●

Hanteltraining zu Hause
(0800-7) Von W. Kieser, 80 S., 71 s/w-Fotos, 4 Zeichnungen, kartoniert. ●
Optimale Ernährung
für Krafttraining und Bodybuilding.
(0912-7) Von B. Dahmen, 88 S., 8 Farbtafeln, 8 Zeichnungen, kartoniert. ●●
Aufwärmen
Übungen und Programme für Sport und Spiel
(1311-6) Von Dr. H. Wolff, 40 S., 8 Bildtafeln, Spiralbindung. ●●●
Fitneßtraining
Empfohlen vom Deutschen Sportbund
(1245-4) Von Marianne Schreiber, 32 Seiten, Spiralbindung mit Ausklapptafeln. ●●
Wirbelsäulengymnastik
Empfohlen vom Deutschen Sportbund
(1246-2) Von L. Keller, 40 Seiten, Spiralbindung mit Ausklapptafeln. ●●●
Aerobics
Low Impact, High-Impact, Step-Aerobic
(1421-X) Von M. Freytag-Baumgartner, 44 S., 3 Farbtafeln, 84 Farbfotos, 16 s/w-Fotos, Spiralbindung, kartoniert. ●●●
Stretching
Empfohlen vom Deutschen Sportbund
(1247-0) Von A. Balk, 40 Seiten, Spiralbindung mit Ausklapptafeln. ●●
Isometrisches Training
Übungen für Muskelkraft und Entspannung.
(0529-6) Von L. M. Kirsch, 104 S., 150 s/w-Fotos, kartoniert. ●●
Stretching
Mit Dehnungsgymnastik zu Entspannung, Geschmeidigkeit und Wohlbefinden.
(0717-5) Von H. Schulz, 80 S., 90 s/w-Fotos, kartoniert. ●
Stretching
(2304-7) Von B. Kurz, 96 S., 255 Farbfotos, kartoniert. ●●
Gesund und fit durch Gymnastik
(0366-8) Von H. Pilss-Samek, 88 Seiten, 130 Abbildungen, kartoniert. ●
Funktionelles Körpertraining
Grundlagen und Bewegungsprogramme
(1367-2) Von A. Balk, 40 S., 100 Farbfotos, kartoniert. ●●●
Spielerisch zur Kondition
Über 100 Trainingsspiele zur Verbesserung von Ausdauer, Schnelligkeit, Kraft und Beweglichkeit
(1214-4) Von U. Stumpp, 120 S., 30 Grafiken, kartoniert. ●●
AOK-Videothek
Top-Form Gymnastik
Ein Bewegungsprogramm für pfundige Leute
(6144-7) VHS, ca. 30 Minuten, in Farbe. ●●●●*
Fit und frisch
Gymnastik für die ganze Familie
(6501-5) Von G. Sieber, 104 S., 306 Farbfotos, 5 Farbzeichnungen, kart., mit Audiokassette, Laufzeit 30 Min. ●●●
Sportjahr 93
Rekorde · Siege · Schicksale · Ergebnisse
Mit Sonderteil Leichtathletik-WM
(4690-1) 176 Seiten, 373 Farbfotos, Pappband. ●●●
Freeclimbing
Technik und Training
(1251-9) Von H. Strobl, 144 Seiten, durchgehend vierfarbig, kartoniert. ●●●
Fechten
Florett · Degen · Säbel.
(0449-4) Von E. Beck, 88 Seiten, 185 Fotos, 10 Zeichnungen, kartoniert. ●●
SportRegeln Volleyball
(1368-X) 88 S., 5 Farbtafeln, 19 s/w-Fotos, kartoniert. ●●

Fußball
(2309-X) Von H. Obermann, P. Walz, 112 Seiten, 47 Farbfotos, 18 Farb- und 25 s/w-Zeichnungen, kartoniert. ●●
Sepp Maier
Super-Torwart-Training
(4451-8) Von S. Maier, 168 S., 30 Farb- und 34 s/w-Fotos, 236 zweifarbige Zeichnungen, Pappband. ●●●●
Fußballtraining für Kinder und Jugendliche
Spiel- und Übungsformen zu Technik und Taktik
(1463-5) Von S. Asmus u. a., ca. 128 Seiten, durchgehend vierfarbig, kartoniert. ●●
SportRegeln
American Football
(1165-2) 136 S., 18 s/w-Fotos, kartoniert.●
Streetball
Technik · Taktik · Spiel
(1465-1) Von J. Bezler und T. Paganetti, ca. 80 Seiten, durchgehend vierfarbig, kartoniert. ●●
Handball
Technik · Taktik · Regeln.
(0426-5) Von F. und P. Hattig, 128 Seiten, 91 s/w-Fotos, 121 Zeichnungen, kart. ●●
Handball
Grundlagen für Training und Spiel
(2321-9) Von H.-P. Oppermann, 120 Seiten, 39 Farbfotos, 12 s/w-Fotos, 108 Farbzeichnungen, kartoniert. ●●
SportRegeln Handball
Die offiziellen Regeln
Wissenswertes von A bis Z
(1099-6) 88 Seiten, 32 s/w-Fotos, 14 Zeichnungen, kartoniert. ●
SportRegeln Rugby
Die offiziellen Regeln
Wissenswertes von A bis Z
(1216-0) 96 Seiten, zahlreiche zweifarbige Abbildungen, kartoniert. ●
Tennis
Technik · Taktik · Regeln.
(0375-7) Von W. u. S. Taferner, 112 Seiten, 81 Abbildungen, kartoniert. ●
SportRegeln Tennis
Die offiziellen Regeln
Wissenswertes von A bis Z
(1097-4) 88 S., 24 s/w-Fotos, 6 Zeichnungen, kartoniert. ●
Tischtennis-Technik
Der individuelle Weg zu erfolgreichem Spiel.
(0775-2) Von M. Perger, 144 Seiten, 296 Abbildungen, kartoniert. ●●
SportRegeln Tischtennis
Die offiziellen Regeln
Wissenswertes von A bis Z (1252-7) 96 S., zahlreiche zweifarbige Abb., kart. ●
Badminton
Technik · Taktik · Training.
(0699-3) Von K. Fuchs, L. Sologub, 168 S., 51 Abbildungen, kartoniert. ●●
SportRegeln
Badminton
(1101-6) 84 S., kartoniert.●
Squash
(2311-1) Von P. Langhammer, R. Michna, 96 S., 86 Farbfotos, 13 Farbzeichn., kartoniert. ●●
Squash
Ausrüstung · Technik · Regeln
(0539-3) Von D. von Horn, H.-D. Stünitz, 96 S., 55 s/w-Fotos, 25 Zeichnungen, kart. ●●
SportRegeln Squash
Wissenswertes von A bis Z
(1100-8) 64 S., 11 s/w-Fotos, 23 Zeichnungen, kartoniert. ●
Darts
Technik · Taktik · Spiel
(1466-X) Von R.W. Sohlbach, ca. 112 S., kart. ●●

Golf
Neue Wege zum erfolgreichen Spiel
(4509-3) Von O. Heuler, ca. 144 S., zahlr. Farbabbildungen, Pappband. ●●●●●
SportRegeln Golf
(1315-9) 96 S., 19 s/w-Fotos, kartoniert. ●
Golf
Ausrüstung und Technik.
(0343-9) Von J. C. Jessop, 96 S., 57 Abb., Anhang Golfregeln des DGV, kart. ●
Eishockey
Lauf- und Stocktechnik, Körperspiel, Taktik, Ausrüstung und Regeln.
(0414-1) Von J. Capla, 264 S., 548 s/w-Fotos, 163 Zeichnungen, kartoniert. ●●
SportRegeln
Eishockey
(1098-2) 116 Seiten, kartoniert.●
Billard
Grundstöße · Viertelbillard und Freie Partie
(1313-2) Von Dr. H. Stingel, 112 Seiten, 196 Zeichnungen, kartoniert. ●●
Pool-Billard
Grundlagen für Training und Spiel
(2318-9) Von B. Pejcic, R. Meyer, 96 S., durchgehend vierfarbig, kartoniert. ●●
Pool-Billard
(0484-2) Herausgegeben vom Deutschen Pool-Billard-Bund. Von M. Bach, K.-W. Kühn, 104 S., 64 Abbildungen, kartoniert. ●
FALKEN Video
Reiten
Von der ersten Stunde bis zum Ausritt Begleitheft.●●●●*
Reiten
(2322-7) Von T. Eckholt, 128 S., durchgehend vierfarbig, kartoniert. ●●
Tanzstunde
Das Welttanzprogramm leicht gelernt
(4409-9) Von G. Hädrich, 164 S., 489 s/w-Fotos, 63 Zeichnungen, Pappband. ●●●
Wir lernen Tanzen
(0200-9) Von E. Fern, 152 S., 119 s/w-Fotos, 47 Zeichnungen, kartoniert. ●●
Anmutig und fit durch
Bauchtanz
(0911-9) Von Marta, 120 S., 229 Farbfotos, 6 s/w-Zeichnungen, kartoniert. ●●●
Segeln
(1364-X) Von H. Mönster u.a., ca. 128 Seiten, durchgehend vierfarbig, zahlr. Abbildungen, kartoniert. ●●●
Sporttauchen
Theorie und Praxis des Gerätetauchens
(0647-0) Von S. Mügig, 144 S., 8 Farbtafeln, 35 s/w-Fotos, 89 Zeichnungen, kart. ●●
Fit mit Sporttauchen
(2320-0) Von Dr. F. Naglschmid, 112 Seiten, 71 Farbfotos, 21 Zeichnungen, kart. ●●
Angelfischerei von Aal bis Zander
Fische · Geräte · Technik.
(0324-2) Von H. Oppel, 72 Seiten, 16 Farbtafeln, 49 s/w-Abb., kartoniert. ●●
Angeln
Kleine Fibel für den Sportfischer.
(0198-3) Von E. Bondick, 80 Seiten, 4 Farbtafeln, 116 Abbildungen, kartoniert. ●
Snowboarding
Ausrüstung · Fahrtechnik · Wettkämpfe
Videokassette (6139-0) VHS, ca. 45 Min., in Farbe. ●●●●*
Fibel für Kegelfreunde
Sport- und Freizeitkegeln · Bowling
(0191-6) Von G. Bocsai, 72 Seiten, 62 Abb., kartoniert ●
111spannende Kegelspiele
(2031-7) Von H. Regulski, 80 S., 53 Zeichnungen, kartoniert. ●

13

Mensch und Gesundheit

Der moderne Ratgeber
Wir werden Eltern
Schwangerschaft · Geburt · Erziehung des Kleinkindes.
(4269-8) Von B. Nees-Delaval, 376 Seiten, 335 2-farbige Abb., Pappband. ●●●●

Ich freue mich auf mein Baby
Ratgeber und Tagebuch für die Schwangerschaft
(4711-8) Von E. Portz-Schmitt, 184 S., 18 Farbfotos, 72 Farbzeichn., Pappband. ●●●●

Ich bekomme ein Baby
Wegweiser für Schwangerschaft und Geburt
(1254-3) Von B. Nees-Delaval, 144 Seiten, durchgehend zweifarbig, kartoniert. ●●

Wenn der Mensch zum Vater wird
Ein heiter-besinnlicher Ratgeber
(4259-0) Von D. Zimmer, 160 S., 20 Zeichnungen, Pappband. ●●●

AOK Bibliothek
Schwangerschaftsgymnastik und Geburtsvorbereitung
(1423-6) Von L. Keller, 112 S., 137 Farbfotos, 12 Farbzeichnungen, kartoniert. ●●●

Vorbereitung auf die Geburt und
Schwangerschaftsgymnastik
Atmung, Rückbildungsgymnastik,
(0251-3) Von S. Buchholz, 112 Seiten, 98 s/w-Fotos, kartoniert. ●

AOK-Bibliothek
Rückbildungsgymnastik
Informationen, Tips und Übungen
(1470-8) Von L. Keller, ca. 112 Seiten, zahlreiche Farbfotos und Farbillustrationen, kartoniert. ●●●*

AOK-Videothek
FALKEN Video
Rückbildungsgymnastik
Informationen, Tips und Übungen
(6176-5) Laufzeit ca. 30 Minuten. ●●●●*

Die Kunst des Stillens
nach neuesten Erkenntnissen
(0701-9) Von Prof. Dr. med. E. Schmidt, S. Brunn, 112 S., 20 Fotos und Zeichnungen, kartoniert. ●

Der große FALKEN BabyKurs
Pflege · Ernährung · Entwicklung · Erziehung
(4739-8) Von K. Schutt, ca. 352 Seiten, ca. 400 Farbfotos, gebunden. ●●●

Das Babybuch
Pflege · Ernährung · Entwicklung
(0531-8) Von A. Burkert, 96 Seiten, 76 zweifarbige Zeichnungen, 22 s/w-Zeichnungen, kartoniert. ●●

Babyfitneß
Massage, Spiele, Gymnastik und Schwimmen für Kinder im 1. Lebensjahr
(1034-6) Von G. Zeiß, 112 Seiten, 179 zweifarbige Illustrationen, , kartoniert. ●●

Wenn Kinder krank werden
Medizinischer Ratgeber für Eltern
(4240-X) Von B. Nees-Delaval, 232 Seiten, 163 Zeichnungen, Pappband. ●

Keinen Mann um jeden Preis
Das neue Selbstverständnis der Frau in der Partnerbeziehung
(4440-2) Von Shere Hite, Kate Colleran, 208 Seiten, gebunden. ●●●

Total verknallt...und keine Ahnung?
Alles über Liebe, Sex und Zärtlichkeit
(1024-9) Von H. Bruckner, R. Rathgeber, 104 S., 38 Abbildungen, kartoniert. ●●

Streicheleinheiten für Körper und Seele
Partnermassage
(4444-5) Von Chr. Unseld-Baumanns, 136 S., 145 Farbfotos, Pappband. ●●●●

Partner gesucht
Die besten Tips und Strategien fürs Kennenlernen
(1481-3) Von Dr. C. Harmsen, 128 Seiten, kartoniert. ●●

freundin Ratgeber
Glück braucht Mut
Die Psycho-Logik des Jens Corssen
(1176-8) Von J. Corssen, B. Schmidt, 160 S., kartoniert. ●●

freundin Ratgeber
Die faire Trennung
Wie man mit Anstand auseinandergeht
(1477-5) Von I.Weber, ca. 144 S., kart. ●

Angst und Panik
Ursachen · Symptome · Therapie
(1422-8) Von Prof. Dr. H.-R. Lückert, 176 S., kartoniert. ●●●

Wörterbuch der Medizin
(4535-2) 400 Seiten, 229 Farbfotos, Pappband. ●●●

Bildatlas des menschlichen Körpers
(4177-2) Von G. Pogliani, V. Vannini, 112 Seiten, 402 Farbabbildungen, 28 s/w-Fotos, Pappband. ●●●

Richtig essen bei Nahrungsmittelallergien
(4745-2) Von Dr. med. C.Thiel, A. Ilies, 128 S., ca. 90 Farbf., gebunden. ●●●

Nahrungsmittelallergien
So ernähren Sie sich richtig!
(0913-5) Von Priv.-Doz. Dr. med. Dr. med. habil. J. von Mayenburg, Prof. Dr. med. Dr. phil. S. Borelli, E. Polster, 136 S., kart. ●●

Neurodermitis
Ursachen · Ganzheitliche Behandlung · Selbsthilfe
(1218-7) Von Prof. Dr. med. Dr. phil. S. Borelli, 144 S., kartoniert.●●

Bluthochdruck
Risikofaktoren · Vorbeugung · Behandlung
(1125-3) Von Prof. Dr. med. D. Klaus, R. Unsorg, G. Leibold, 152 S., 25 Farbfotos, 22 Farbzeichnungen, kartoniert.●●●

Arteriosklerose
Risikofaktoren/Vorbeugung/Therapie
Richtige Ernährung bei erhöhtem Cholesterinspiegel.
(1020-6) Von Prof. Dr. med. G. Assmann, Dr. troph. U. Wahrburg, 192 S., 84 farb. Abb., 4 s/w-Zeichnungen, kartoniert. ●●●

Asthma
Pseudokrupp, Bronchitis und Lungenemphysem
Krankheitsbilder · Diagnose · Therapie
(1126-1) Von Prof. Dr. med. W. Schmidt, S. Erteld, 152 S., 110 zweif. Zeichn., kart. ●●●

Risiko Herzinfarkt
Empfohlen von der Deutschen Herzstiftung
(1217-9) Von C. Halhuber, M. J. Halhuber, 152 S., 28 Farb- und 8 s/w-Zeichnungen, kartoniert.●●●

So arbeitet das Immunsystem
Funktionsweise · Störungen · Natürliche Stärkung
(1253-5) Von V. Friebel, J. Ledvina, A. Roßmeier, 168 S., 18 Farbtafeln, 38 zweifarbige Zeichnungen, kartoniert.●●●

Diabetes
Krankheitsbild, Therapie, Kontrollen, Schwangerschaft, Sport, Urlaub, Alltagsprobleme. Neueste Erkenntnisse der Diabetesforschung. (0895-3) Von Dr. med. H. J. Krönke, 120 S., 4 Farbtafeln, 14 s/w-Fotos, 13 s/w-Zeichnungen, kartoniert. ●●●

AOK-Bibliotek
Gesunde Haut
Ratgeber für Pflege und Gesundheit
(1468-6) Von Dr. med. J. Müller und Dr. med. K.-U. Schmidt, ca. 112 Seiten, zahlr. Abbildungen, durchgehend vierfarbig, kart. ●●●

Naturkosmetik
Die Grundlagen gesunder und natürlicher Hautpflege.
(1080-X) Von N. E. Haas, 120 Seiten, 63 Farbabbildungen, kartoniert. ●●

Die sanfte Art des Heilens
Homöopathie
Praktische Anwendung und Arzneimittellehre
(4418-X) Von J. H. P. Kreuter, 216 S., 49 Zeichnungen, Pappband. ●●●

Aromatherapie
Gesundheit und Entspannung durch ätherische Öle.
(1131-8) Von K. Schutt, 96 S., 40 zweifarbige Abbildungen, kartoniert. ●●

Heilatmen
Ein Weg zu Lebenskraft und innerer Harmonie
(1047-8) Von K. Schutt, 112 S., 57 zweifarbige Abbildungen, kartoniert. ●●

Bewährte Naturheilverfahren bei
Herz-Kreislauf-Erkrankungen
(1084-2) Von Dr. med. O. Wolff, G. Leibold, 104 Seiten, kartoniert. ●

Risiko Herzinfarkt
(1217-9) Von Dr. C. Halhuber, Prof. Dr. M. J. Halhuber, 160 S., durchgehend zweifarbig, kartoniert. ●●●

Krebsangst und Krebs behandeln
Mit einem Vorwort von Prof. Dr. med. Friedrich Douwes.
(0839-2) Von G. Leibold, 104 Seiten, kartoniert. ●

Bewährte Naturheilverfahren bei
Krebs
(1082-6) Hrsg. H.-R. Heiligtag, 88 Seiten, kartoniert. ●●

Heilen mit Blütenenergien
nach Dr. Bach
(1141-5) Von J. Wenzel, ca. 96 S., kartoniert. ●

Bewährte Naturheilverfahren bei
Migräne und Schlafstörungen
(1081-8) Von G. Leibold, Dr. med. H. Chr. Scheiner, 112 Seiten, kartoniert. ●

Gesunder Schlaf
Schlafstörungen ohne Medikamente erfolgreich behandeln.
(1036-2) Von Dr. H. Alke, 88 S., 22 s/w-Abb., mit Audiokassette, kartoniert. ●●●

Natürliche Behandlungsmethoden bei
Rückenschmerzen
Massage · Gymnastik · Entspannung
(4447-X) Von Prof. Dr. med. H. Hess, K. Eder, H.-J. Montag, K. Schutt, 152 S., 168 Farbabbildungen, Pappband. ●●●

TELE-Rückenschule
Wohlbefinden durch bewußte Körpererfahrung
(1310-8) Von K. Haak, 64 S., 19 Farb-, 24 s/w-Fotos, 24 Zeichnungen, 2 Ausklapptafeln, mit Audiokassette, kartoniert. ●●●●

TELE-Rückenschule
Wohlbefinden durch bewußte Körpererfahrung
Videokassette (6108-0) VHS, ca. 60 Min., in Farbe, mit Broschüre. ●●●●*

Rheuma behandeln und lindern
Mit einem Vorwort von Dr. med. Max-Otto Bruker.
(0836-8) Von G. Leibold, 96 Seiten, kartoniert. ●

Besser sehen durch Augentraining
Ein Gesundheitsprogramm zur Verbesserung des Sehvermögens.
(0914-3) Von K. Schutt, B. Rumpler, 96 S., 32 s/w-Zeichnungen, kartoniert. ●●

So arbeitet das
Immunsystem
(1253-5) Von V. Friebel, I. Ledvina, A. Roßmeier, 192 Seiten, durchgehend zweifarbig, kartoniert. ●●●

Allergien behandeln und lindern
Mit einem Vorwort von Prof. Dr. med. Axel Stemmann.
(0840-6) Von G. Leibold, 96 Seiten, 4 Zeichnungen, kartoniert. ●

Enzyme
Vitalstoffe für die Gesundheit
(0677-2) Von G. Leibold, 96 S., kartoniert. ●

Besser leben durch Fasten
(0841-4) Von G. Leibold, 96 S., kartoniert. ●

Massagetechniken und Heilanzeigen
Reflexzonentherapie
(4404-6) Von G. Leibold, 128 Seiten, 53 Farbzeichnungen, Pappband. ●●●

Akupressur zur Eigenbehandlung
(0417-6) Von G. Leibold, 112 S., 78 Abb., kartoniert. ●

Shiatsu-Massage
Harmonisierung der Energieströme im Körper
(0615-2) Von G. Leibold, 196 S., 180 Abb., kartoniert. ●

Fußsohlenmassage
Heilanzeigen · Technik · Selbsthilfe
(0714-0) Von G. Leibold, 96 S., 38 Zeichnungen, kartoniert. ●

Entspannung und Schmerzlinderung durch
Massage
(0750-7) Von B. Rumpler, K. Schutt, 112 S., 116 zweifarbige Zeichnungen, kartoniert. ●

Gesundheit und Entspannung durch
Massage
(1317-5) Von K. Schutt, 168 S., 126 Farbfotos, 61 Farbzeichnungen, kartoniert. ●●●

Gesundheit für Körper und Seele
Entspannung
(1471-6) Von K. Schutt, ca. 80 Seiten, durchgehend zweifarbig, kartoniert, Audiokassette ca. 60 Minuten Laufzeit. ●●●●

Entspannung
(0834-1) Von Dr. Med. Chr. Schenk, 88 S., 29 Zeichnungen, kartoniert. ●

Autogenes Training
Ein Programm zur Streßbewältigung
(1278-0) Von Dr. P. Kruse, B. Pavlekovic, K. Haak, 112 S., durchgehend zweifarbig, kartoniert. ●●●

Erfolg und Lebensfreude durch
Autogenes Training und Psychokybernetik
(1035-4) Von D. H. Alke, 80 Seiten, 2 s/w-Zeichnungen, mit Audiokassette, kartoniert. ●●

Chinesisches Schattenboxen
Tai-Ji-Quan
für geistige und körperliche Harmonie
(0850-3) Von F.T. Lie, 120 S., 221 s/w-Fotos, 9 s/w-Zeichnungen, Beilage: 1 s/w-Poster mit zahlreichen Abbildungen, kartoniert. ●●

AOK-Bibliothek
Qi-Gong im Alltag
Chinesische Atem- und Bewegungsübungen
(1316-7) Von L. U. Schoefer, ca. 80 Seiten, durchgehend vierfarbig, zahlreiche Fotos, kartoniert. ●●

AOK-Bibliothek
Qi-Gong im Alltag
Chinesische Atem- und Bewegungsübungen
(1427-9) Von L. U. Schoefer, ca. 80 Seiten, durchgehend vierfarbig, zahlreiche Fotos, kartoniert, mit Audiokassette. ●●●●

AOK-Videothek
Qi-Gong im Alltag
Chinesische Atem- und Bewegungsübungen
(6179-X) Von L. U. Schoefer, ca. 60 Minuten Laufzeit. ●●●●

Yoga für jeden
(1277-2) Von K. Zebroff, 144 Seiten, Spiralbindung, durchgehend vierfarbig, kartoniert. ●●●

Yoga
Weg zur Harmonie
(4417-8) Von A. Harf, W. von Rohr, 176 S., 171 Farbf., 12 s/w-Zeichn., Pappband. ●●●●

Yoga gegen Haltungsschäden und Rückenschmerzen
(0394-3) Von A. Raab, 104 S., 215 Abb., kart. ●

AOK-Bibliothek
Radwandern
für die Gesundheit
(1369-8) Von S. Kälberer, J.–U. Knoll, 128 S., 126 Farbfotos, kartoniert. ●●●

AOK-Bilbliothek
Osteoporose
Vorbeugen · Diagnose · Behandlung
(1371-X) Von A. Baumgarten, 96 S., 74 Farbfotos, 17 Farbzeichn., kartoniert. ●●●

AOK-Bibliothek
Erkältungskrankheiten
Vorbeugung und Behandlung
(1372-8) Von G. Leibold, 112 S., 74 Farbfotos, 7 Farbzeichn., kartoniert. ●●●

AOK-Bibliothek
Krankenpflege zu Hause
Anleitungen, Tips und Informationen
(1373-6) Von S. Hof, 104 S., 68 Farbfotos, 32 Farbzeichn., kartoniert. ●●●

PfundsKur Kochbuch
(4726-6) Von F. Metzler, 112 S., 81 Farbfotos, Pappband. ●●●

Fit ohne Fett
Die neue PfundsKur
(1370-1) Von Prof. Dr. V. Pudel, 128 Seiten, kartoniert. ●

Die aktuelle
Ballaststofftabelle
(1288-8) Von Dr. H. Oberritter, 80 Seiten, kartoniert. ●

Neue Rezepte für **Diabetiker-Diät**
Vollwertig · abwechslungsreich · kalorienarm
(0418-4) Von M. Oehlrich, 96 S., 8 Farbtafeln, kartoniert. ●

Diät bei Herzkrankheiten und Bluthochdruck
Rezeptteil von B. Zöllner
(3202-1) Von Prof. Dr. med. H. Rottka, 92 S., 4 Farbtafeln, kartoniert. ●●

Diät bei Erkrankungen der Nieren, Harnwege und bei Dialysebehandlung
Rezeptteil von B. Zöllner.
(3203-X) Von Prof. Dr. med. Dr. h. c. H. J. Sarre und Prof. Dr. med. R. Kluthe, 96 S., 33 Farbfotos, 1 s/w-Zeichnung, kartoniert. ●●

Diät bei Gicht und Harnsäuresteinen
Rezeptteil von B. Zöllner.
(3205-6) Von Prof. Dr. med. N. Zöllner, 112 S., 35 Farbtafeln, kartoniert. ●●

Diät bei Zuckerkrankheit
Rezeptteil von B. Zöllner (3206-4) Von Prof. Dr. med. P. Dieterle, 112 S., 42 Farbfotos, 4 vierfarbige Vignetten, 1 s/w-Zeichnung, kartoniert. ●●

Diät bei erhöhtem Cholesterinspiegel und anderen Fettstoffwechselstörungen
Rezeptteil von B. Zöllner.
(3208-0) Von Prof. Dr. med. G. Wolfram, 102 S., 32 Farbfotos, kartoniert. ●●

Ballaststoffreiche Kost bei Funktionsstörungen des Darms
Rezeptteil von B. Zöllner.
(3212-9) Von Prof. Dr. med. H. Kasper, 96 Seiten, 34 Farbfotos, 1 s/w-Foto, kartoniert. ●●

Diät bei Krankheiten des Magens und Zwölffingerdarms
Rezeptteil von B. Zöllner
(3201-3) Von Prof. Dr. med. H. Kaess, 96 Seiten, 35 Farbfotos, 1 s/w-Zeichnung, kartoniert. ●●

Diät bei Krankheiten der Gallenblase, Leber und Bauchspeicheldrüse
Rezeptteil von B. Zöllner.
(3207-2) Von Prof. Dr. med. H. Kasper, 88 Seiten, 35 Farbfotos, 1 s/w-Zeichnung, , kartoniert. ●●

Video

Hobby Aquarellmalen
Landschaft und Stilleben
(6022-X) VHS, 40 Min., in Farbe, mit Begleitheft. ●●●●*

Hobby Ölmalerei
Landschaft und Stilleben
(6025-4) VHS, 40 Min., in Farbe, mit Begleitheft. ●●●●*

Seidenmalerei
leicht gemacht
(6173-0) VHS, ca. 30 Min., in Farbe ●●●●

Basteln mit Kindern
(6041-6) VHS, 60 Min., in Farbe, mit Vorlagen in Originalgröße, mit Begleitheft. ●●●

Die Modelleisenbahn
Anlagenbau in Modultechnik
(6028-9) VHS, 30 Min., in Farbe. ●●●●*

Golf
(6053-X) VHS, 60 Min., in Farbe, mit Begleitheft. ●●●●●*

Reiten
(6097-1) VHS, ca. 60 Min., in Farbe, mit Begleitbroschüre. ●●●●*

Karate
Einführung und Grundtechniken
(6037-8) VHS, ca. 45 Min., in Farbe, mit Begleitheft. ●●●●*

Skigymnastik perfekt
(6052-1) VHS, ca. 60 Min., in Farbe, mit Begleitheft. ●●●●*

Snowboarding
(6139-0) VHS, ca. 45 Min., in Farbe, mit Broschüre. ●●●●*

Pflanzenjournal
Blumen- und Pflanzenpflege im Jahreslauf
(6036-X) VHS, 30 Minuten, mit Begleitheft. ●●●●

Schnitt und Pflege
von Bäumen und Sträuchern
(6050-5) VHS, 45 Min., in Farbe, mit Begleitheft. ●●●●*

Erfolgreiche Streßbewältigung
Autogenes Training
Video 1: Einführung und Kurs
Video 2: Übungen
(6132-3) VHS, jeweils ca. 60 Minuten, in Farbe. ●●●●*

Aktfotografie
Gestaltung/Technik/Spezialeffekte
Interpretationen zu einem unerschöpflichen Thema
(6001-7) VHS, 60 Min., in Farbe, mit Begleitheft. ●●●●*

Videografieren perfekt
Profitricks für Aufnahmetechnik und Nachbearbeitung
(6042-4) und (6044-4) Video 8, 60 Min., in Farbe, mit Begleitheft. ●●●●●*

Besser Videofilmen
(6172-2) VHS, ca. 60 Minuten, in Farbe. ●●●●

Top-Form Gymnastik
Ein Bewegungsprogramm für pfundige Leute
(6144-7) VHS, ca. 30 Minuten, in Farbe. ●●●●

Fitt ohne Fett
PfundsKur Video
(6142-0) VHS, ca. 40 Min., in Farbe. ●●●●

Streicheleinheiten für Körper und Seele
Partnermassage
(**6051**-3) VHS, 45 Min., in Farbe, mit Begleitheft. ●●●●*

Tele Partner Massage
Zärtliche Entspannung zu zweit
(**6131**-5) VHS, ca. 60 Minuten, in Farbe.
●●●●*

Sinnliche Stunden
(**6099**-8) VHS, ca. 60 Min., in Farbe, mit Begleitbroschüre. ●●●●●*

Nie wieder rauchen
(**6100**-5) VHS, ca. 45 Min., in Farbe, mit Begleitbroschüre. ●●●●*

New York
(**6151**-X) VHS, ca. 60 Min., in Farbe. ●●●●*

Kalifornien
(**6152**-8) VHS, ca. 60 Min., in Farbe. ●●●●*

USA Südwest
(**6153**-6) VHS, ca. 60 Min., in Farbe. ●●●●*

Florida
(**6154**-4) VHS, ca. 60 Min., in Farbe. ●●●●*

Hawaii
(**6164**-1) VHS, ca. 60 Min., in Farbe. ●●●●*

Irland
(**6167**-6) VHS, ca. 60 Min., in Farbe. ●●●●*

Norwegen
(**6161**-7) VHS, ca. 60 Min., in Farbe. ●●●●*

Kanarische Inseln
(**6162**-5) VHS, ca. 60 Min., in Farbe. ●●●●*

Mallorca
(**6143**-9) VHS, ca. 60 Min., in Farbe. ●●●●*

Toscana
(**6148**-X) VHS, ca. 60 Min., in Farbe. ●●●●*

Rom
(**6145**-5) VHS, ca. 60 Min., in Farbe. ●●●●*

Venedig
(**6146**-3) VHS, ca. 60 Min., in Farbe. ●●●●*

Florenz
(**6147**-1) VHS, ca. 60 Min., in Farbe. ●●●●*

Paris
(**6157**-9) VHS, ca. 60 Min., in Farbe. ●●●●*

Wien
(**6158**-7) VHS, ca. 60 Min., in Farbe. ●●●●*

London
(**6159**-5) VHS, ca. 60 Min., in Farbe. ●●●●*

Prag
(**6165**-X) VHS, ca. 60 Min., in Farbe. ●●●●*

Griechische Inseln
(**6166**-8) VHS, ca. 60 Min., in Farbe. ●●●●*

Kuba
(**6150**-1) VHS, ca. 60 Min., in Farbe. ●●●●*

Dominikanische Republik
(**6163**-3) VHS, ca. 60 Min., in Farbe. ●●●●*

Malediven
(**6156**-0) VHS, ca. 60 Min., in Farbe. ●●●●*

Bali
(**6149**-8) VHS, ca. 60 Min., in Farbe. ●●●●*

Thailand
(**6155**-2) VHS, ca. 60 Min., in Farbe. ●●●●*

Hongkong
(**6160**-9) VHS, ca. 60 Min., in Farbe. ●●●●*

Berlin
(**6177**-3) Laufzeit ca. 60 Minuten. ●●●●*

Tunesien
(**6174**-9) Laufzeit ca. 60 Minuten. ●●●●*

Kanada
(**6178**-1) Laufzeit ca. 60 Minuten. ●●●●*

Bestellschein

Erfüllungsort und Gerichtsstand für Vollkaufleute ist der jeweilige Sitz der Lieferfirma. Für alle übrigen Kunden gilt dieser Gerichtsstand für das Mahnverfahren. Falls durch besondere Umstände Preisänderungen notwendig werden, erfolgt Auftragserledigung zu dem bei der Lieferung gültigen Preis.

Ich bestelle hiermit aus dem Falken-Verlag GmbH, Postfach 11 20, D-65521 Niedernhausen/Ts., durch die Buchhandlung:

_____ Ex. _____

_____ Ex. _____

_____ Ex. _____

_____ Ex. _____

Name: _____   Datum: _____

Straße: _____

Ort: _____   Unterschrift: _____

Die hier vorgestellten Bücher, Videokassetten und Software sind in folgende Preisgruppen unterteilt:
● Preisgruppe bis   DM 10,–/S 79,–/SFr 11,–   ●●● Preisgruppe über DM 20,– bis DM 30,–   ●●●● Preisgruppe über DM 30,– bis DM 50,–
●● Preisgruppe über DM 10,– bis DM 20,–   S 161,– bis S 240,–   S 241,– bis S 400,–
               S 80,– bis S 160,–   SFr 21,– bis SFr 30,–   SFr 30,– bis SFr 50,–
               SFr 10,– bis SFr 21,–   ●●●●● Preisgruppe über DM 50,–/S 401,–/SFr 50,–   *(unverbindliche Preisempfehlung)

Die Preise entsprechen dem Status beim Druck dieses Verzeichnisses (s. Seite 1) – Änderungen, im besonderen der Preise, vorbehalten –

Falken-Verlag GmbH · Postfach 1120   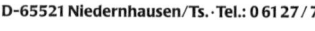   D-65521 Niedernhausen/Ts. · Tel.: 0 61 27 / 70 20